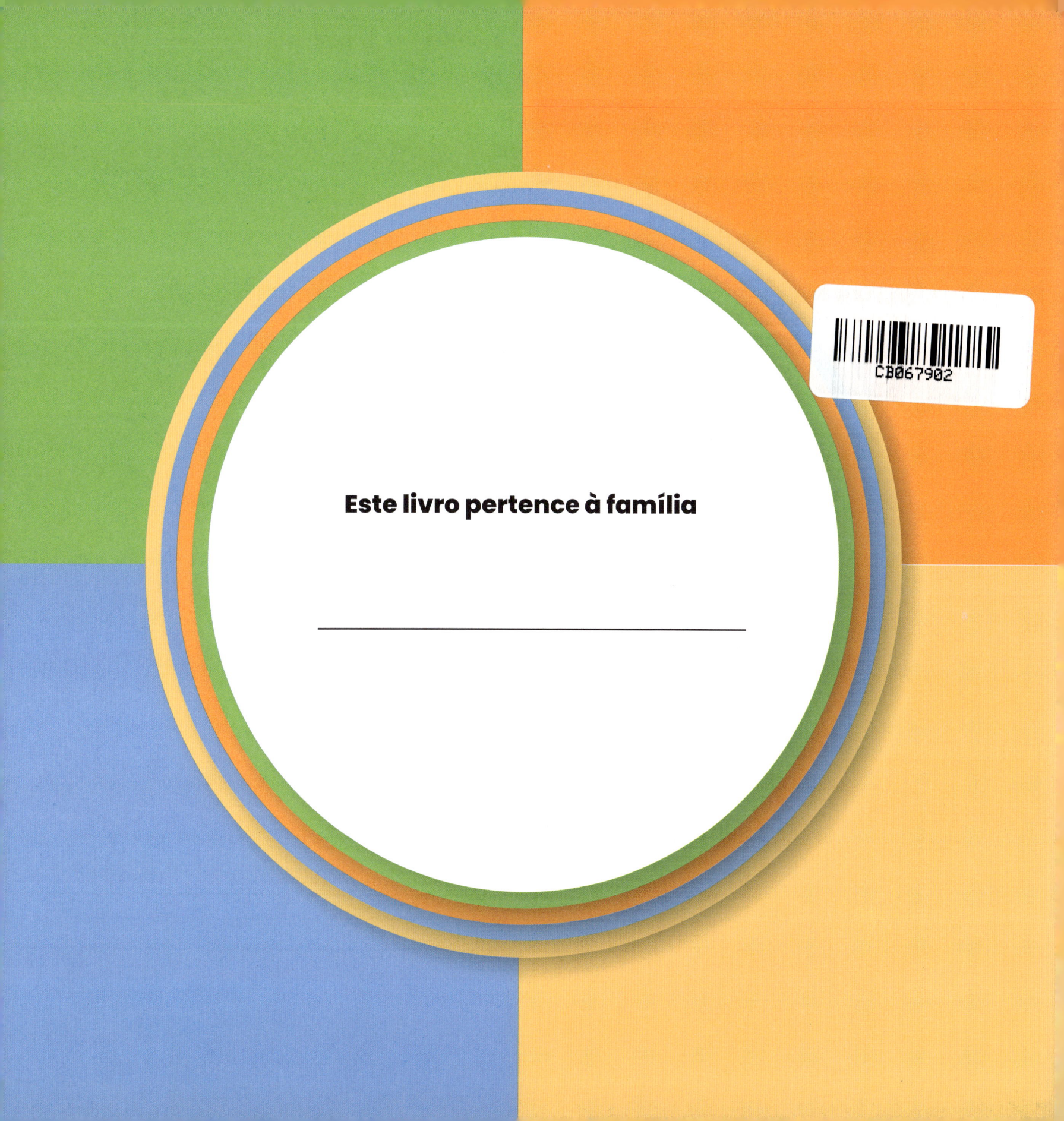

Este livro pertence à família

_____

EVELYN SOEIRO

CADA
ESTAÇÃO
UMA
LIÇÃO

SAMARIA
EDITORA

Cada estação uma lição

Copyright © 2024 by Evelyn Soeiro

AUTORA Evelyn Soeiro
DIRETOR EXECUTIVO Iury Motta
DIRETOR CRIATIVO Guilherme Rodrigues
EQUIPE CRIATIVA Beliza Minozzi, Rafaela Pereira e Larissa Minozzi
PRODUTOR MUSICAL Geziel Paulino
DIRETOR GERAL Vinicius Oliveira
AQUISIÇÃO Joice Feitoza
IMAGENS As imagens utilizadas neste livro foram obtidas do site iStock

---

Dados Internacionais de Catalogação na Publicação (CIP)

S681c
Soeiro, Evelyn
  Cada estação uma lição / Evelyn Soeiro. – Santo André-SP:
Editora Samaria, 2024
  260 p.; 25 X 25 cm
  ISBN 978-65-5245-011-1
  1. Teologia devocional. 2. Bíblia. 3. Moral cristã. I. Soeiro, Evelyn.
  II. Título.
                                                    CDD 241

Índice para catálogo sistemático:
I. Teologia devocional
Elaborada por Bibliotecária Janaina Ramos – CRB-8/9166

[2024] Todos os direitos desta edição reservados à:
Editora Samaria
Rua da Fonte, 275 - 09040-270 - Santo André, SP.

www.editorasamaria.com.br
instagram.com/editorasamaria

AGRADECIMENTOS

Minha eterna gratidão ao meu Deus, que me deu o presente mais valioso: a vida eterna. Como forma de gratidão, dedico a Ele todos os meus dons e talentos.

Ao meu amor, Iury, meu maior incentivador, que com tanto carinho cuidou da nossa Maitê, permitindo que eu pudesse escrever com foco e tranquilidade. Sou imensamente abençoada por ter você em minha vida. Te amo!

À nossa filha, Maitê, que chegou no ano em que este livro foi escrito. Que essas palavras guiem você a amar a Deus assim como nós, seus pais! Minha mocinha...

Aos meus pais, Paulo Silas (em memória) e Mara Soeiro, por me ensinarem no caminho, e não apenas apontarem o caminho certo a seguir.

À minha grande família, avós, irmãos, cunhados, tios, primos, e sogra, que são sempre exemplos de fé e dedicação, independentemente da estação da vida.

Aos meus queridos sobrinhos, por quem tenho tanto amor e a alegria em compartilhar as maravilhas do amor de Deus.

Ao time do ADAI Kids, que todas as semanas trabalham com intencionalidade para servir as famílias da nossa igreja e me impulsiona a ser uma líder apaixonada e vibrante, lutando para que o evangelho chegue de forma criativa e cristocêntrica para as crianças.

"Nessa vida tudo tem sua hora;
há um tempo certo para tudo!"

ECLESIASTES 3:1

CARTA AOS PAIS

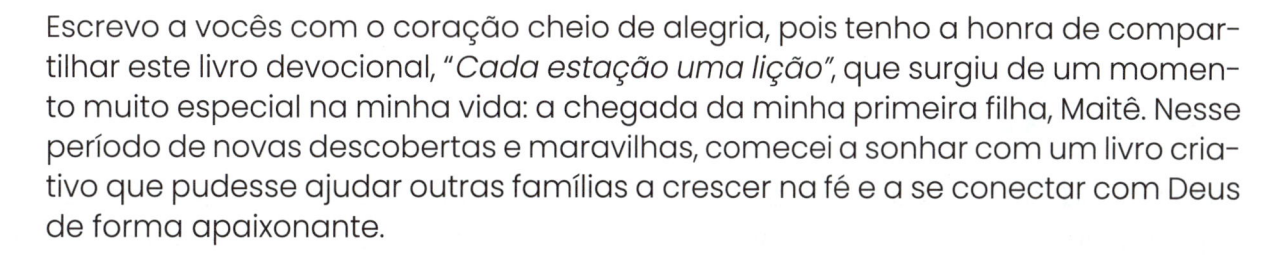

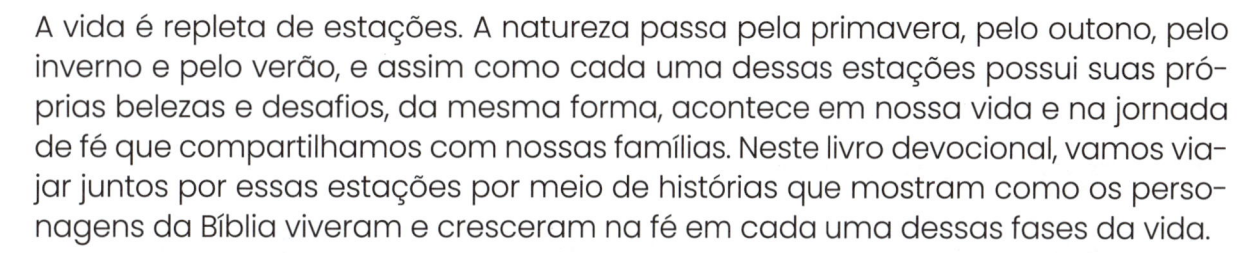

Escrevo a vocês com o coração cheio de alegria, pois tenho a honra de compartilhar este livro devocional, "*Cada estação uma lição*", que surgiu de um momento muito especial na minha vida: a chegada da minha primeira filha, Maitê. Nesse período de novas descobertas e maravilhas, comecei a sonhar com um livro criativo que pudesse ajudar outras famílias a crescer na fé e a se conectar com Deus de forma apaixonante.

A vida é repleta de estações. A natureza passa pela primavera, pelo outono, pelo inverno e pelo verão, e assim como cada uma dessas estações possui suas próprias belezas e desafios, da mesma forma, acontece em nossa vida e na jornada de fé que compartilhamos com nossas famílias. Neste livro devocional, vamos viajar juntos por essas estações por meio de histórias que mostram como os personagens da Bíblia viveram e cresceram na fé em cada uma dessas fases da vida.

Enquanto as estações da vida mudam, uma coisa permanece constante e eterna: a presença amorosa de Deus ao nosso lado. É Ele quem nos guia, nos dá coragem e nos enche de esperança, seja na alegria do verão ou na quietude do inverno. Ao estudarmos a Bíblia e orarmos em família, criamos momentos preciosos que fortalecem os laços familiares e nos aproximam do coração de Deus.

Espero que este livro seja um companheiro nas suas aventuras diárias e um lembrete de que, independentemente da estação da vida em que vocês se encontram, a presença de Deus e o amor mútuo sejam os verdadeiros tesouros.

Que vocês descubram a beleza de cada estação e encontrem alegria e esperança na jornada de fé que estamos prestes a compartilhar.

Com carinho,

Evelyn Soeiro.

VAMOS EXPLORAR
CONHECENDO O LIVRO!

✓ PARA COMEÇAR

Esta é a nossa introdução, em que iniciamos a nossa aventura! Aqui, vamos preparar o cenário e contar um pouquinho sobre o que vamos explorar. É onde despertamos o desejo de saber o que vem a seguir!

✓ POR DENTRO DA HISTÓRIA

Aqui, mergulhamos na história bíblica e descobrimos tudo o que aconteceu. É como se estivéssemos voltando no tempo e vendo todos os detalhes, entendendo o que ocorreu, quem eram os personagens e o que eles fizeram. Isso ajuda a ver como a história se encaixa no plano perfeito de Deus!

✓ DAQUI PRA FRENTE

Este é o momento de transformar o que aprendemos em algo que podemos usar todos os dias! Vamos pensar em como aplicar a história em nossa vida e o que podemos fazer para obedecer e agradar a Deus.

✓ NÃO SE ESQUEÇA

Chegamos ao fim com uma conclusão especial! É aqui que juntamos tudo o que aprendemos e refletimos sobre a história e a lição do dia. É como colocar a cereja no bolo – fechamos com chave de ouro e nos lembramos do que foi mais importante!

✓ OPA! ORAR, PERGUNTAR E AGIR

O = ORAR

No final de cada devocional, teremos uma oração. Orar é conversar com Deus e pedir Sua ajuda para entendermos e colocarmos em prática o que aprendemos.

P = PERGUNTAR

Aqui, faremos duas perguntas. A primeira é sobre a história, para lembrar do que aprendemos com os personagens bíblicos. A segunda é um desafio, para vocês pensarem no que aprenderam e como isso pode mudar as ações do dia a dia para melhor.

A = AGIR

Vamos sempre ter uma ação divertida para fazer! Realizar atividades é importante porque nos ajuda a aprender de maneira prática e divertida. Assim, o que aprendemos não fica só na teoria, mas também se transforma em algo prático.

✓ LIÇÃO

Em cada devocional, encontraremos uma frase especial que resume tudo o que aprendemos. Essa lição é importante porque ajuda a lembrar o ponto principal da história e como isso pode fazer a diferença em nossa vida. É como um lembrete daquilo que queremos sempre lembrar e aplicar!

✓ PÔSTER + CARTELA DE ADESIVOS

Dentro deste livro, você encontrará dois recursos incríveis que tornarão a jornada ainda mais envolvente para sua família: uma cartela de adesivos e um pôster personalizado das estações do ano.

Este pôster foi especialmente criado para acompanhar a jornada das 40 devocionais. À medida que vocês completam cada devocional, as crianças poderão colar um adesivo e marcar um "check", visualizando o progresso de sua jornada.

Esses recursos visuais não só ajudam a família a acompanhar e celebrar o caminho percorrido, mas também tornam a experiência mais interativa e memorável. Colocar o pôster em um local visível para todos incentivará a participação e o entusiasmo, tornando cada devocional uma celebração do crescimento e aprendizado em família.

COMO TORNAR O MOMENTO DEVOCIONAL IRRESISTÍVEL

CRIE UMA ROTINA AGRADÁVEL

Por que é importante?

As crianças se sentem mais seguras e felizes quando têm uma rotina. Saber o que esperar ajuda a reduzir a ansiedade e faz com que se sintam confortáveis e amadas.

Como fazer?

Escolha um horário específico: Encontre um horário que funcione bem para a família e mantenha-o consistente. Por exemplo, e se vocês fizerem a leitura da devocional à noite antes de dormir, por exemplo, às 19h? Isso ajuda a criar um hábito e um sentimento de expectativa!

USE UMA ENTONAÇÃO DE VOZ ENVOLVENTE

Por que é Importante?

A entonação da voz torna as histórias mais emocionantes e envolventes. Quando os pais usam diferentes tons e expressões, as histórias ganham vida e capturam a imaginação das crianças.

Como fazer?

Mude o tom de voz: faça vozes diferentes para cada personagem e use um tom animado para criar entusiasmo. Se a história fala de um personagem corajoso, use uma voz firme e heroica! Use expressões faciais e corporais: Sorria, faça caretas e use gestos para ilustrar a história. Isso faz com que a leitura seja mais divertida e ajuda as crianças a se envolverem mais na narrativa.

DEIXE AS CRIANÇAS PARTICIPAREM

Por que é importante?

Participar ativamente ajuda as crianças a se sentirem mais envolvidas e interessadas. Isso também promove a criatividade e o aprendizado colaborativo.

Como fazer?

Incorpore atividades interativas: pergunte à criança o que ela acha que vai acontecer a seguir na história. Você também pode encorajá-la a ajudar a fazer vozes para os personagens bíblicos.

PLAYLIST PARA FAMÍLIA

Preparamos um presente especial para toda a família! Ao apontar a câmera do seu celular para o QR Code, você será direcionado a uma playlist exclusiva com quatro trilhas sonoras, cada uma representando uma das estações abordadas neste livro.

Meu desejo é que essa experiência sensorial enriqueça ainda mais o momento devocional de vocês, trazendo mais significado e conexão ao ouvir a trilha sonora correspondente à estação em que estão lendo. Que esses momentos sejam cheios de inspiração e comunhão em família!

SOBRE A AUTORA

Evelyn Soeiro, casada com o Iury Motta e mãe da Maitê, é pastora na Igreja ADAI, e tem se dedicado com entusiasmo ao ministério de famílias e ao ensino de Vida Devocional e Bíblia.

Formada em Teologia e pós-graduada em Neurociência Cognitiva Social, seu principal objetivo é fazer o nome de Jesus conhecido entre todas as gerações e formar novos discípulos que O amem acima de tudo.

Evelyn tem uma profunda paixão pela Bíblia, que é fruto do investimento de seus pais em sua educação cristã desde sua pouca idade. Ela acredita que ao dedicarmos momentos em família estudando a Palavra de Deus, estaremos plantando a semente mais poderosa no coração das crianças: a semente da fé.

PRIMAVERA
Da **Criação** à **Libertação**

OUTONO
Das **Tribos** aos **Tronos**

INVERNO
Das **Profecias** ao **Silêncio**

VERÃO
Da **Vinda à Terra** à **Ida ao Céu**

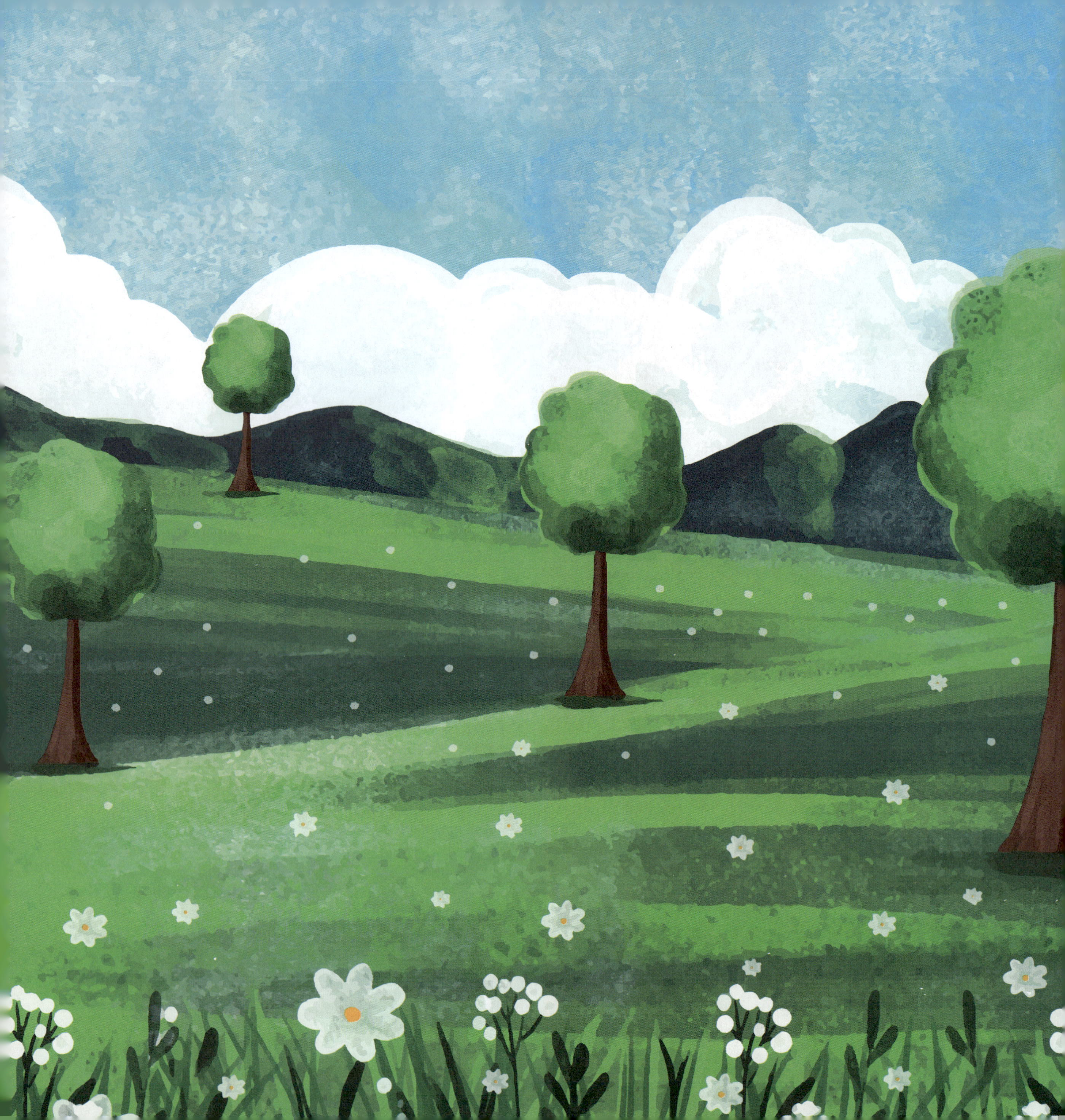

BEM-VINDOS À PRIMAVERA!

Na Primavera, vamos começar nossa aventura em um jardim maravilhoso com Adão e Eva, os primeiros amigos de Deus. Assim como as flores começam a desabrochar, veremos como Deus criou um mundo lindo para todos nós. Em seguida, conheceremos Noé, que construiu uma enorme arca e viu o arco-íris, uma promessa de novos começos. Vamos acompanhar a jornada dos patriarcas e a emocionante caminhada do povo de Israel até a Terra Prometida, com a ajuda de Moisés e Josué. Nesta estação, aprenderemos que a primavera traz novas oportunidades e que Deus sempre nos ajuda a crescer e encontrar novos caminhos, assim como Ele preparou um lar especial para Seu povo.

DEVOCIONAL I

FLORESCENDO NO VAZIO!

GÊNESIS 1:1-31

"No começo, Deus fez o céu e a terra – tudo o que a gente vê e o que a gente não vê. A terra era só um monte de coisas misturadas, escura e sem forma, e Deus estava lá cuidando de tudo."

PARA COMEÇAR

Imagine que você foi ao mercado com sua família e comprou todos os ingredientes para preparar um bolo: farinha, ovos, chocolate, fermento e açúcar. Vocês colocam as sacolas no porta-malas do carro e correm para casa. Ao chegarem lá, são surpreendidos! Com o balanço do carro durante o caminho, os ingredientes se tornaram um bolo de chocolate, delicioso e quentinho. É meio maluco pensar nisso, porque fazer um bolo pode até ser simples, mas é mais complicado do que só misturar ingredientes. É preciso um cozinheiro, um forno e muito cuidado, para fazer tudo direitinho. Isso me faz lembrar de uma história...

DEVOCIONAL 1

POR DENTRO DA HISTÓRIA

Quando Deus fez o mundo, era tudo uma confusão. A Terra era escura e vazia, mas Deus transformou isso tudo num lugar lindo! E o mais incrível foi que Ele criou todas as coisas com apenas um ingrediente: sua Palavra. Diferentemente de um cozinheiro, que para fazer um bolo precisa de tantas coisas, Deus é tão perfeito que usou apenas uma palavra para que o mundo fosse criado em seis dias: "Haja". Estava Nele a arte de transformar o caos em um mundo perfeito.

Você já reparou nas flores que crescem nos jardins? Deus criou cada uma delas com cores e formatos diferentes, e todas têm a sua beleza. Já olhou para o céu e observou a diferença entre o Sol, a Lua e as estrelas? Deus desenhou e pintou cada um deles, trazendo cores diferentes e mudando o dia e a noite para que possamos ver sua luz brilhando no céu. E tem mais! Deus também criou todos os animais: os cachorros fofinhos, os gatos curiosos, os elefantes grandões com suas trombas compridas, as girafas com seus pescoços longos e tantos outros animais que a gente ama. Ah, e não podemos nos esquecer dos bichinhos que vivem na água, como os peixes, as baleias e os golfinhos! Deus criou todos os animais e os colocou no mundo para deixar tudo bem colorido e cheio de vida.

É... Deus fez um mundo perfeito! Acima de todas as criações que podemos ver e nos lembrar com alegria, há uma que não podemos esquecer: a criação do primeiro homem e da primeira mulher. Logo após criar o ambiente em que eles viveriam, pensando em tantos detalhes, Deus os colocou para morarem em um belo jardim. Eles eram as pessoas mais felizes da Terra. Foi assim que Deus arrumou a bagunça do mundo, criando todas as coisas e colocando tudo no seu devido lugar.

DAQUI PRA FRENTE

E o que podemos aprender com isso? Assim como Deus arrumou a bagunça do mundo, Ele também pode trazer ordem e beleza para nossa vida, mesmo quando nos sentimos perdidos. Ele nos ajuda a crescer e transforma os problemas em oportunidades novinhas em folha! E sabe de uma coisa? Deus não precisa de tudo certinho para fazer acontecer. Ele só quer que a gente abra o nosso coração e esteja pronto para aprender. Às vezes, olhamos em volta e só vemos confusão, como se fossem "ingredientes soltos". Mas, Deus está lá na frente, preparando um bolo de chocolate bem gostoso! Ele tem um plano incrível para cada um de nós!

NÃO SE ESQUEÇA

Assim como Deus transformou o vazio em um mundo maravilhoso e cheio de vida, Ele também pode nos ajudar a crescer e a encontrar beleza mesmo nos momentos mais difíceis. Confie em Deus e saiba que Ele tem o poder de fazer florescer até mesmo nos lugares mais sombrios. Com Ele ao nosso lado, podemos enfrentar qualquer desafio, em qualquer estação.

DEVOCIONAL 1

OPA!

ORAR

"Querido Deus, nós precisamos do Senhor para nos ajudar a florescer mesmo em meio aos desafios."

PERGUNTAR

1. O que Deus criou em cada dia?
2. Quando você olha para a sua vida, em qual lugar você vê ingredientes soltos e bagunçados? Na escola? No trabalho? Em casa? Existe algum outro lugar?

AGIR

Escolham um dia da semana para ser o "Dia da Criação". Cada um da família vai fazer algo legal inspirado na natureza. Pode ser desenho, pintura, escultura de massinha... Depois, coloquem essas criações em um lugar especial da casa para que todos possam ver e lembrar como cada uma mostra a beleza do mundo que Deus criou. Falem também sobre como podemos usar nossa criatividade todos os dias para cuidar do que Deus nos deu. Isso vai nos ajudar a entender melhor como Deus é criativo e como podemos ser como Ele!

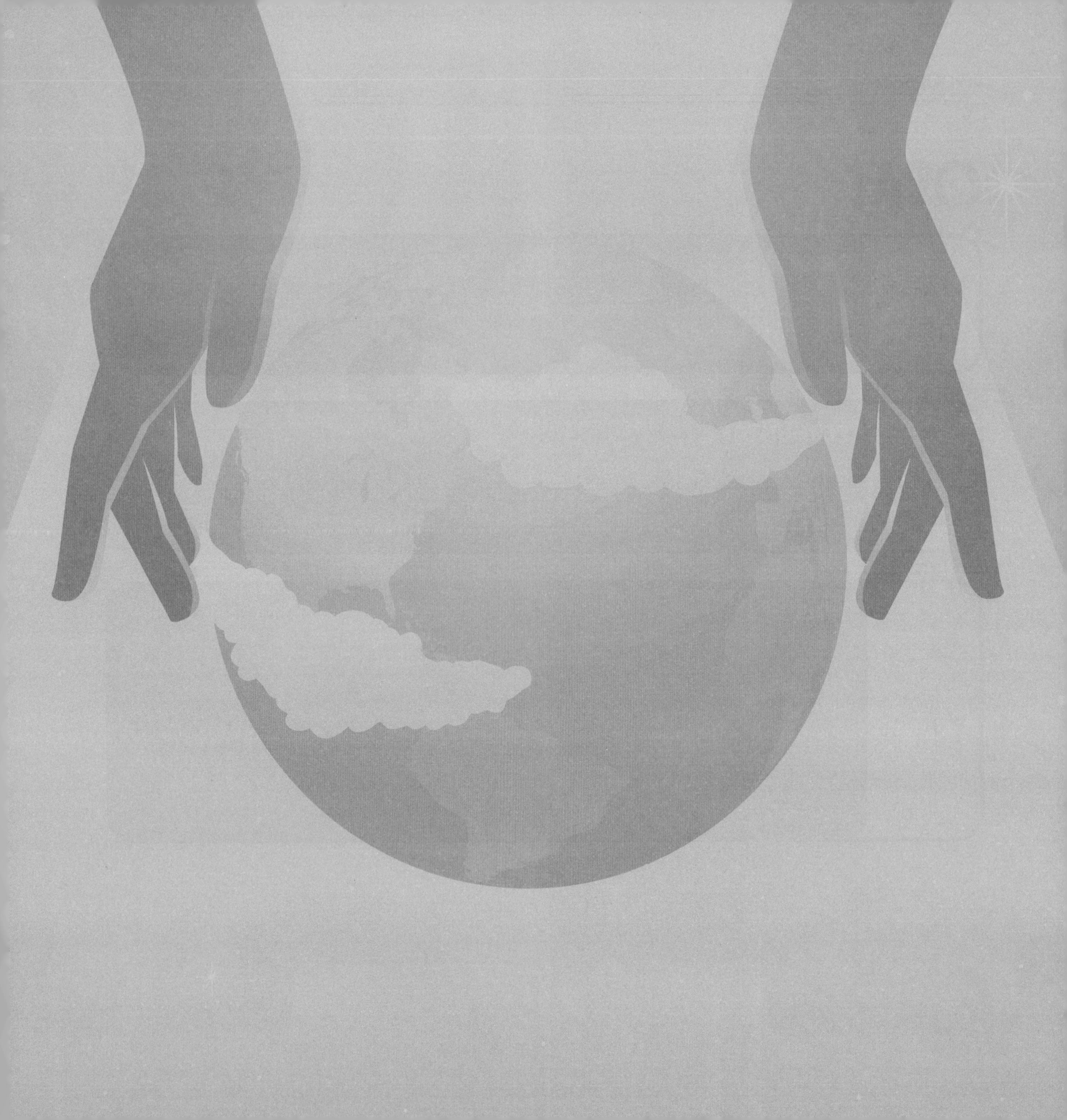

LIÇÃO

"Com Deus ao nosso lado, podemos enfrentar qualquer desafio e, ainda assim, continuar florescendo, não importando a estação que estamos vivendo!"

DEVOCIONAL 2

CRIANDO UM JARDIM DE GRATIDÃO E OBEDIÊNCIA!

GÊNESIS 2:15-25

"Deus levou o homem para o jardim do Éden e disse para ele cuidar das plantas e manter tudo bonito e bem arrumado."

PARA COMEÇAR

Você já teve que lidar com uma situação em que fez algo errado? Talvez tenha quebrado um brinquedo sem querer, desobedecido a um pedido dos seus pais, ou magoado um amigo sem perceber. Todos nós, em algum momento, cometemos erros e nos sentimos mal por isso. Mas você sabia que até mesmo as histórias da Bíblia nos ensinam que é possível aprender com nossos erros e florescer, mesmo nos momentos mais difíceis? Vamos conversar um pouco mais sobre isso.

DEVOCIONAL 2

POR DENTRO DA HISTÓRIA

No começo do mundo, Deus criou tudo com muito cuidado e planejou cada detalhe para que fosse perfeito. Você já imaginou viver em um lugar feito especialmente para você e sua família? Pois é, isso aconteceu com Adão e Eva, as primeiras pessoas do mundo. Eles eram muito felizes vivendo em um jardim que Deus preparou nos mínimos detalhes para eles. Era tão legal porque, além de terem uma casa incrível feita por Deus, ainda podiam conversar com Ele todos os dias no final da tarde. Imagina só que demais, não é!? Mas, infelizmente, às vezes, as coisas perfeitas não duram para sempre. Adão e Eva tomaram uma decisão que mudou tudo, não só para eles, mas para todo o mundo.

Uma cobra esperta enganou o casal, fazendo eles acreditarem que podiam comer o fruto que Deus tinha dito para não comerem, prometendo que ficariam tão inteligentes quanto Ele. Só que aconteceu exatamente o oposto: ao desobedecerem a Deus e comerem o fruto proibido, eles se afastaram Dele e perderam tudo o que tinham de bom.

Preferiram acreditar na cobra em vez de confiar no Criador. Por causa disso, ficou bem mais difícil se aproximar d'Ele, diferente de como era antes. Para ensinar uma lição a Adão e Eva, foram retirados do Jardim do Éden, aquele lugar perfeito feito exclusivamente para eles. A partir de agora, a vida não seria mais tão fácil; teriam que trabalhar duro para ter o que comer, e nada mais seria tão simples como antes. Não dava mais para viverem perto de um Deus tão bom depois de terem feito algo tão errado. Mas, mesmo assim, Deus os perdoou. Só que eles tiveram que lidar com as consequências dos seus erros. Imagina como deve ter sido difícil para Deus se afastar deles, mas, assim como um pai que ama seu filho, o corrige, Deus queria que eles aprendessem com seus erros e crescessem com isso.

DEVOCIONAL 2

DAQUI PRA FRENTE

Viver uma vida grata e obediente é como cuidar das flores do nosso coração. Quando agradecemos a Deus por tudo o que Ele nos dá e obedecemos aos Seus mandamentos, estamos cultivando um jardim cheio de amor, paz e alegria em todos os lugares que vamos. Assim como Adão e Eva receberam um lindo presente feito por Deus, nós também podemos desfrutar de bênçãos maravilhosas quando vivemos uma vida de gratidão e obediência a Ele. Escolher confiar em Deus e seguir Seus caminhos nos leva a crescer e florescer.

O problema de Adão e Eva não foi apenas desobedecer, mas também não serem gratos pelo que já tinham. Eles desejaram o único fruto proibido, mesmo com tantas outras árvores no jardim. É importante lembrar que viver com gratidão e obediência nos protege de problemas e tristezas. Assim como Adão e Eva enfrentaram dificuldades depois de desobedecerem a Deus, nós também podemos enfrentar consequências quando fazemos escolhas erradas. No amor, precisamos respeitar os limites e sempre perguntar a Deus se Ele tem se alegrado com nossas atitudes. Orar e ler a Bíblia todos os dias, arrumar nossa cama, escovar os dentes, fazer o dever de casa e tirar o prato da mesa após as refeições são ações que alegram muito o coração dos pais e também agradam a Deus. Quando somos gratos e obedientes, construímos uma base sólida para o nosso futuro. Deus nos ama e quer o melhor para nós, e, quando seguimos Seus ensinamentos, Ele nos ajuda a florescer em todas as áreas de nossa vida, tornando-nos filhos e pais melhores.

NÃO SE ESQUEÇA

Se queremos colher muitos frutos ao longo da vida e ter um jardim cheio de gratidão e obediência, precisamos plantar diariamente essas sementes. Mesmo que nem sempre entendamos tudo, é importante olhar para o céu e ouvir o que Deus deseja para nós. Assim, não nos contentaremos com pouco, olhando para baixo e perdendo o futuro incrível que Ele tem para nós. Devemos cuidar do nosso coração como um jardim, plantando o bem para colher alegrias. E sempre nos lembrar que, a maior alegria não é ter o que todos têm, mas caminhar ao lado de Deus, que nos deu o melhor presente que poderíamos receber: a vida eterna!

DEVOCIONAL 2

OPA!

ORAR

"Querido Deus, hoje pedimos que nos ajude a semear gratidão e obediência no jardim do nosso coração. Que cada ação nossa reflita o Seu amor e nos aproxime mais de Ti. Na primavera, que possamos colher não apenas frutos abundantes, mas também a doce presença da Sua companhia, que é o bem mais precioso em nossas vidas. Amém."

PERGUNTAR

1. O que a cobra prometeu que aconteceria para Adão e Eva se eles comessem do fruto proibido?
2. Quando você olha para suas últimas atitudes, tem dado ouvidos para a voz de Deus que vem do alto, ou tem escutado as vozes que estão te fazendo olhar para baixo?

AGIR

Que tal aproveitarem um momento em família para plantarem um broto de feijão e cultivar, não apenas uma planta, mas também valores preciosos que irão florescer ao longo da vida? Para isso, usem alguns feijões, algodão ou terra, plante-os e reguem diariamente. Ao lado, deixem valores preciosos de obediência escritos em um caderno ou post-it. Sempre que regarem o feijão, lembrem-se de ler os valores que escreveram e conferirem se também estão os "regando" diariamente.

LIÇÃO

"No amor, precisamos respeitar os limites, e sempre perguntar a Deus se Ele tem se alegrado com nossas atitudes."

DEVOCIONAL 3

TERMINANDO BEM A JORNADA!

GÊNESIS 6:9-14

"A história de Noé é assim: Noé era um homem muito bom e certinho na cidade onde morava. Ele era amigo de Deus e tinha três filhos que se chamavam: Sem, Cam e Jafé. Deus olhou para a Terra e viu que as pessoas estavam se comportando muito mal. Tinha muita violência e as pessoas estavam sendo muito más umas com as outras. Então Deus disse para Noé: 'Chega! A humanidade fez muitas coisas ruins. Vou dar um jeito nisso.' Deus disse para Noé construir um grande barco de madeira, e que mandaria uma grande chuva para limpar toda a maldade da Terra".

PARA COMEÇAR

Vocês já viajaram de carro com sua família? É superdivertido, não é? Mas sabem, quando vamos fazer uma viagem, é muito importante planejar tudo direitinho para que ela seja ótima desde o começo até o fim. Assim como usamos o GPS para nos guiar no caminho certo, também é importante pensar em como queremos que seja a nossa viagem na vida, pois se não fizermos isso, corremos o risco de nos perder no meio do caminho, e acabar nos afastando do destino final. Vamos juntos descobrir a importância de não apenas começar nossa jornada em obediência, mas também concluí-la com a alegria de termos cumprido nosso propósito!

DEVOCIONAL 3

POR DENTRO DA HISTÓRIA

Quando Deus criou o mundo, Ele queria que fosse um lugar superlegal, onde todo mundo seria muito feliz para sempre. Mas, sabe, depois que o pecado entrou no mundo por causa de Adão e Eva, as coisas ficaram meio bagunçadas. As pessoas estavam se comportando muito mal, desobedecendo a Deus e fazendo coisas ruins. Os filhos estavam brigando com os pais, irmãos não estavam se dando bem, famílias estavam fazendo coisas erradas e as pessoas não estavam nem aí para o que Deus queria. Tudo isso deixou Deus muito triste, e Ele viu que as pessoas não mereciam mais viver no mundo que Ele tinha criado tão bonito. Então, Deus decidiu dar um "reset" no mundo e começar tudo de novo. Mas tinha uma família que era especial, e o pai dessa família se chamava Noé.

Noé era um cara muito legal, que sempre fazia o que Deus pedia e tinha um coração bondoso. Um dia, Deus disse a Noé para construir um barco gigante chamado arca, pois iria chover muito, e a água cobriria toda a terra. Noé, claro, obedeceu a Deus, construiu a arca e colocou sua família e um montão de animais dentro. Então, veio uma chuva enorme que ninguém acreditava que ia vir. Choveu muito por 40 dias e 40 noites. Só a família de Noé e os animais que estavam na arca foram salvos. Mas, olha só, mesmo começando tudo certinho, às vezes, a gente pode fazer coisas erradas. Depois que a chuva parou e Noé e sua família saíram da arca, Noé fez uma vinha, uma plantação de uvas para fazer vinho, e acabou bebendo vinho demais, ficando meio bobo e cometendo alguns erros.

Noé confiou em Deus quando todos estavam rindo e duvidando da grande chuva que viria, mas em um segundo momento permitiu que seu coração não fosse mais regado com obediência e falhou. A história estava se repetindo, assim como Adão e Eva, agora, Noé também não soube terminar sua jornada tão bem quanto começou.

DAQUI PRA FRENTE

Sabe, assim como Noé e sua família, às vezes, enfrentamos desafios em nossa vida. Podemos começar muito bem, fazendo o que é certo e obedecendo a Deus, mas, às vezes, quando as coisas ficam difíceis, podemos nos sentir tentados a fazer escolhas erradas e seguir apenas nossa própria vontade. Isso é muito perigoso e pode acontecer com todo mundo! Mas é importante lembrarmos que sempre precisamos regar nossos corações com obediência a Deus, mesmo quando as coisas parecem difíceis. Isso significa fazer o que é certo, mesmo quando é difícil, e confiar que Deus está cuidando de nós em todas as estações.

Quando nos sentirmos pressionados pelos amigos a fazer algo que sabemos que é errado, como mentir para as pessoas, quebrar as regras da escola, ou até mesmo utilizar mal as tecnologias, acessando conteúdos inadequados e participando de conversas nada legais, precisamos lembrar da história de Noé e evitar cometer o mesmo erro.

Regar nossos corações com obediência a Deus significa fazer o que é certo, mesmo que seja difícil ou chato, e cumprir nossas obrigações com atenção, cuidado e responsabilidade. Lembrem-se de regar seus corações com obediência e confiar em Deus em todos os momentos, porque Ele sempre está ao nosso lado para nos ajudar e nos guiar pelo caminho certo. Tão importante como começar bem a nossa história, é terminar bem.

NÃO SE ESQUEÇA

Assim como Noé e sua família iniciaram sua jornada obedecendo a Deus, nós também devemos fazer o mesmo. No entanto, precisamos aprender com os erros de Noé: mesmo quando as dificuldades surgem, é fundamental escolher fazer o que é certo e seguir o caminho de Deus. A história de Noé nos inspira a tomar boas decisões e a manter nossos corações cheios de obediência. Começar e terminar bem nos ajuda a ter uma vida plena e cheia de bênçãos.

DEVOCIONAL 3

OPA!

ORAR

"Querido Deus, queremos regar nosso coração com obediência à Tua palavra, pois entendemos que a chave para uma vida feliz está em começar e também em terminar bem nossa jornada ao Seu lado."

PERGUNTAR

1. Durante quantos dias e quantas noites Deus permitiu que chovesse?
2. Você concorda que é importante planejar bem a nossa "viagem da vida" para não errarmos o destino final da jornada? Por quê?

AGIR

Criem juntos uma lista de metas para que possam começar e terminar com a mesma alegria que tiveram no início. Incluam diversas situações do dia a dia, como projetos escolares, tarefas domésticas e resolução de conflitos. Compartilhem e discutam essas metas, comprometendo-se a segui-las do começo ao fim. Isso fortalecerá a união e ajudará a criar um ambiente mais organizado em casa.

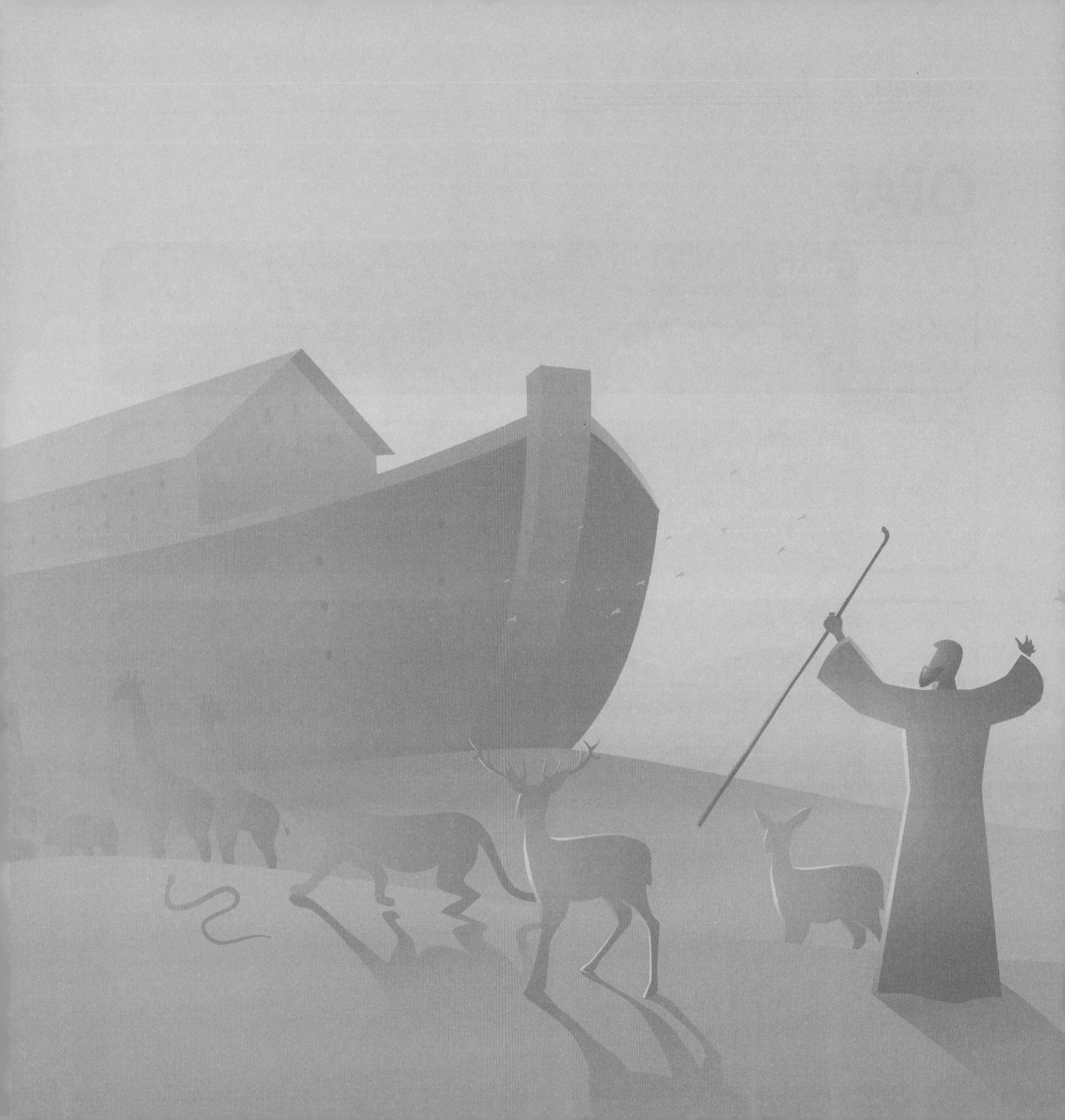

LIÇÃO

"Começar e terminar bem a jornada é a chave para uma vida feliz!"

FLORESCENDO A FÉ!

GÊNESIS 12:1-3

"Deus disse para Abrão: 'Deixe sua casa, sua família, e vá para um lugar novo que Eu vou te mostrar. Vou fazer de você uma pessoa muito importante e abençoada. Todo mundo vai te conhecer! Você vai ser uma bênção. As pessoas que te ajudarem vão ser abençoadas, e quem não te ajudar terá problemas. Todo mundo na Terra vai ser abençoado por sua causa.'"

PARA COMEÇAR

Já parou para pensar como é difícil confiar quando estamos no escuro, sem enxergar nada? É como quando a luz acaba em casa. A escuridão toma conta, e nos sentimos perdidos, sem saber o que fazer. Sem a segurança da visão, ficamos com medo de tropeçar em algo. Mas calma! Mesmo nesses momentos sombrios, podemos encontrar alguém em quem confiar, alguém que nos guia quando nossos olhos não conseguem ver. Sabe quem nos salva? Nossa família. Eles sempre aparecem com uma lanterna ou uma vela, não é mesmo? A partir disso, vamos mergulhar na história de alguém que confiou, mesmo sem ver nada!

POR DENTRO DA HISTÓRIA

Há muito tempo, depois da história de Noé, Deus chamou um homem de nome Abraão. Ele não era tão importante ainda, mas Deus o escolheu para uma missão bem especial. Deus pediu que ele deixasse sua casa e sua família e fosse para um lugar novo com sua esposa Sara. No mesmo dia, Deus fez muitas promessas a Abraão, dizendo que ele teria muitos filhos e que sua família seria tão grande quanto as estrelas no céu e a areia na praia. O problema era que Abraão e Sara não podiam ter filhos!

Sara, por sua vez, ficou um pouco insegura e até duvidou. Ela pensou que, como estava difícil, talvez fosse melhor ajudar Deus. Naquela época, era comum que as mulheres pedissem para suas servas terem filhos em seu lugar. Então, Sara pediu que Abraão tivesse um filho com uma de suas servas, e assim nasceu Ismael. Mas mesmo com essas dúvidas, Deus nunca abandonou Seu plano. Ele ainda queria que Sara fosse mãe.

E sabe o que aconteceu? Deus cumpriu Suas promessas! Abraão e Sara finalmente tiveram um filho chamado Isaque, e isso foi um grande milagre! A confiança de Abraão em Deus foi testada novamente quando Deus pediu que ele sacrificasse Isaque no Monte Moriá. Mesmo amando muito seu filho, Abraão obedeceu. Mas, quando estava prestes a fazer isso, Deus providenciou um carneiro para ser sacrificado em vez de Isaque.

Deus não queria a vida de Isaque; Ele queria ver se o coração de Abraão pertencia completamente a Ele. E isso mostrou que Abraão confiava em Deus acima de tudo, mesmo quando as coisas pareciam difíceis.

DAQUI PRA FRENTE

A história de Abraão nos mostra que viver pela fé é confiar em Deus, mesmo quando não conseguimos ver tudo claramente. Às vezes, queremos saber todos os detalhes antes de confiarmos, mas não precisamos disso quando Deus está guiando nossas vidas.

Pessoas que vivem apenas pelo que podem ver querem conhecer todo o mapa antes da viagem, desde o começo até os perigos no caminho. Mas quem vive pela fé só precisa saber quem será seu companheiro e qual será o próximo passo. Por exemplo, quando Abraão saiu de sua casa para seguir a Deus em uma aventura rumo ao desconhecido, ele não sabia exatamente para onde estava indo, mas confiou que Deus o guiaria.

Às vezes, agimos como Sara: em nossa insegurança, tentamos ajudar a Deus, pensando que assim podemos apressar as promessas, achando que Ele está demorando. Mas Deus sempre está caprichando em Seu plano!

O convite de hoje é que aprendamos a confiar em Deus e seguir Seus planos, mesmo quando não entendemos tudo. Sabemos que Ele sempre estará conosco em cada passo da jornada. Quando enfrentarmos momentos de incerteza ou desafios, como uma mudança de cidade, uma nova escola ou uma decisão difícil, podemos lembrar que Deus nos guiará e cuidará de nós. Para deixarmos o jardim do nosso coração florescer, é necessário regá-lo com muita fé em Deus.

NÃO SE ESQUEÇA

Todos os dias precisamos plantar uma semente de fé em Deus no jardim do nosso coração. Assim como Abraão confiava em Deus, mesmo quando as coisas estavam difíceis, nós também podemos confiar Nele em todas as situações. É como ter um superamigo que está sempre conosco, nos ajudando e nos guiando quando nossos olhos estão fechados. Então, vamos juntos continuar regando nossa fé, para que o jardim do nosso coração fique sempre florido e cheio de confiança em Deus.

DEVOCIONAL 4

OPA!

ORAR

"Querido Deus, queremos te agradecer por ser a melhor companhia que poderíamos ter em nossa vida. O Senhor é aquele que nunca nos deixa perdidos, pelo contrário, sempre nos guia nos momentos escuros, e nos faz enxergar o futuro brilhante que tens para nós."

PERGUNTAR

1. Qual animal Deus providenciou para ser sacrificado no lugar de Isaque?
2. Em algum momento você já sentiu medo de estar no escuro, sem poder enxergar nada, como quando a luz acaba em casa? Como se sentiu nessa situação?

AGIR

Que tal criar um "potinho da confiança"? Vocês podem distribuir um pedacinho de papel para cada membro da família e cada um pode escrever ou desenhar uma situação em que precisou confiar em Deus, mesmo quando as coisas pareciam difíceis. Pode ser algo relacionado a um desafio na escola, no trabalho, ou em alguma situação familiar. Depois, vocês podem compartilhar essas experiências uns com os outros, refletindo sobre como a confiança em Deus os ajudou a superar esses momentos. Esse potinho pode ser colocado em um local visível da casa, como na sala de estar ou na cozinha, para lembrar a todos da importância de confiar em Deus em todas as situações da vida.

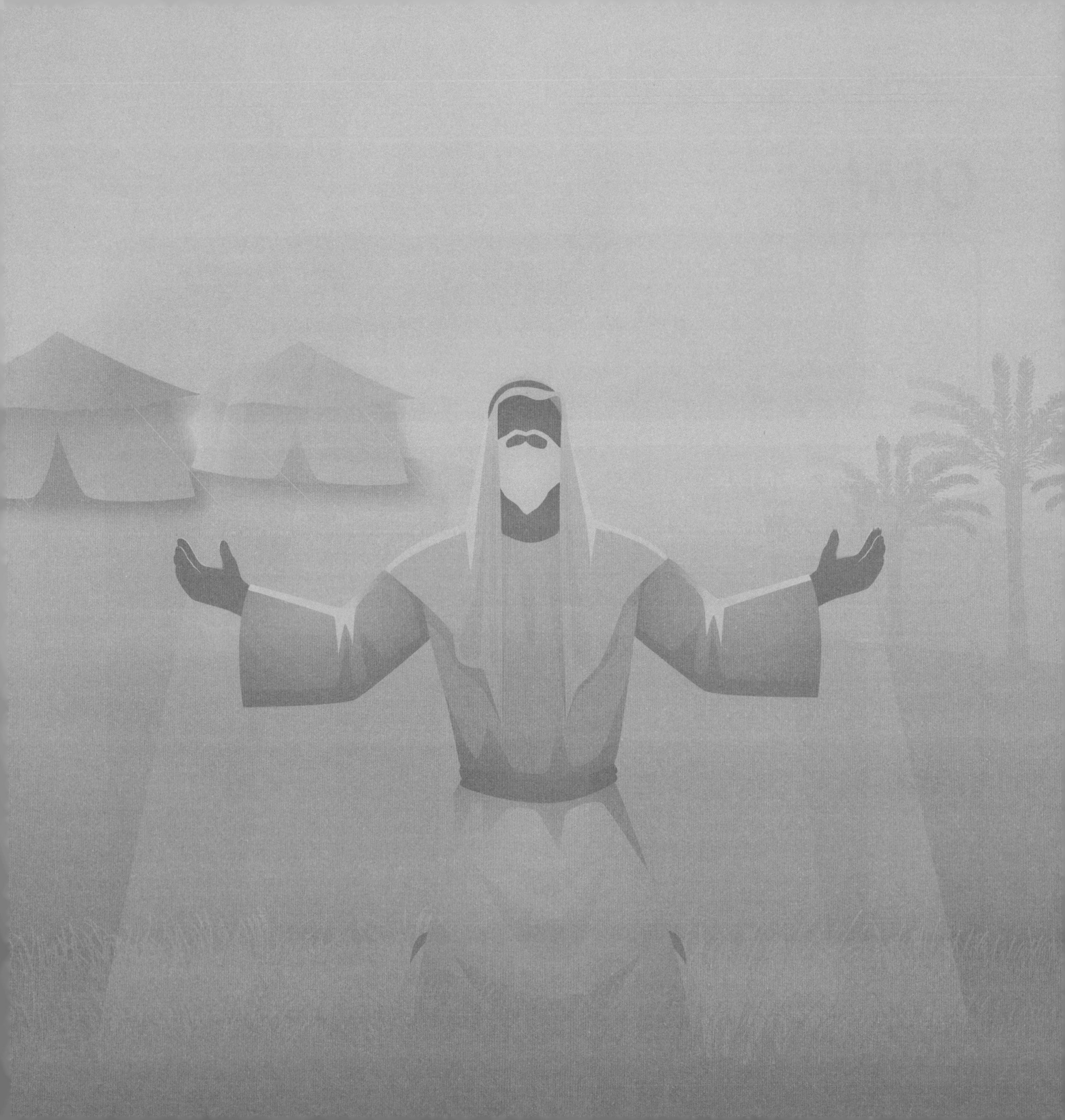

LIÇÃO

"Viver pela fé é confiar em Deus, mesmo quando não conseguimos ver tudo de forma clara."

DEVOCIONAL 5

FLORES DIFERENTES EM UM BELO JARDIM!

GÊNESIS 25:27-34

"Quando os meninos cresceram, eles eram bem diferentes. Esaú adorava caçar o ficar ao ar livre, enquanto Jacó preferia ficar em casa. Seu pai, Isaque, gostava muito de Esaú porque ele trazia caças para ele, mas sua mãe, Rebeca, amava Jacó."

PARA COMEÇAR

Vamos imaginar uma caixinha de lápis de cor. Cada lápis tem uma cor diferente, certo? Agora, se todos os lápis fossem da mesma cor, pintar um desenho seria chato! É a variedade de cores que torna o desenho mais bonito e interessante. Da mesma forma, as pessoas são diferentes; cada uma tem suas próprias habilidades, gostos e personalidades, e é isso que torna o mundo tão colorido e divertido! Se todos fossem iguais, o mundo seria muito sem graça. Pensando nisso, vamos conhecer a história de Jacó e Esaú, filhos de Isaque e Rebeca, e entender como as diferenças são importantes!

DEVOCIONAL 5

POR DENTRO DA HISTÓRIA

Certo dia, em uma terra distante, viviam dois irmãos chamados Jacó e Esaú. Eles eram muito diferentes um do outro! Esaú adorava se aventurar ao ar livre, caçando bichinhos e explorando a natureza, enquanto Jacó gostava mais de ficar em casa, ajudando nas tarefas e cozinhando. Os pais deles, Isaque e Rebeca, os amavam muito, mas havia um probleminha: Isaque gostava mais de Esaú, porque ele era mais aventureiro, e Rebeca preferia Jacó, por ele ser mais tranquilo. Isso não era nada legal e acabou causando muitas confusões na família.

Um dia, Jacó fez um ensopado bem gostoso, e Esaú, seu irmão, voltou para casa com uma fome de leão, depois de um dia de caça. Ele pediu um pouco do ensopado de Jacó, mas Jacó viu uma chance de ganhar algo em troca. Então, ele disse que daria o ensopado a Esaú, mas somente se Esaú lhe desse seus direitos como filho mais velho. Isso era bem sério, porque antigamente, o filho mais velho ficava com as coisas importantes do pai quando ele morria. E, acredite ou não, Esaú, com muita fome e sem pensar direito, concordou com a troca e deu a Jacó seus direitos. Isso deixou Esaú muito triste, e toda a família ficou desapontada. Jacó estava se aproveitando da situação para ter mais coisas e ser mais importante na família. Seu nome significava "usurpador", que é aquele que rouba a posição de outra pessoa.

Mas sabe o que é legal? Deus nunca desiste de ninguém! Tempos depois desse ocorrido, Jacó lutou com um anjo por uma noite inteira, e esse anjo era o Senhor, que veio até ele em forma de homem. O anjo deu a ele um novo nome, agora Israel, que significava "príncipe de Deus". Mesmo Jacó tendo feito tantas coisas erradas, Deus gentilmente o perdoou e deu a honra de ser parte da mesma família de Jesus. Isso nos ensina que Deus não escolhe apenas as melhores pessoas, ou apenas o lápis de cor mais brilhante; Ele escolhe aqueles que deseja usar para Sua glória.

DAQUI PRA FRENTE

Essa história nos ensina que é importante valorizarmos as diferenças entre as pessoas e respeitarmos uns aos outros. Imagine se todos na família fossem exatamente iguais e gostassem das mesmas coisas. Seria bem chato, não é mesmo? As diferenças nos tornam únicos, e é isso que faz a vida tão colorida e emocionante! Por exemplo, se todos gostassem apenas de jogar futebol, quem iria cozinhar os deliciosos lanches para depois do jogo? Cada pessoa tem seus próprios talentos e habilidades especiais, e quando aprendemos a reconhecer e valorizar essas diferenças, podemos nos complementar ainda mais.

Os irmãos Esaú e Jacó, apesar de serem tão diferentes, poderiam ter se ajudado e se apoiado em suas jornadas. Afinal, ser da mesma família é mais do que apenas compartilhar o mesmo sangue, é estar ao lado um do outro em todas as situações, celebrando as vitórias e apoiando nos momentos difíceis. Além disso, aprendemos que Deus nunca desiste de nós, mesmo quando cometemos erros. Ele nos ama incondicionalmente e está sempre pronto para nos perdoar e nos dar uma nova chance. Assim como fez com Jacó, que teve uma segunda oportunidade e um novo nome, mostrando que todos nós podemos mudar e crescer.

NÃO SE ESQUEÇA

Isso nos ensina que, independentemente do que tenhamos feito no passado, sempre há esperança para o nosso futuro em Deus, que tem um plano maravilhoso para cada um de nós. Devemos aproveitar as diferenças que nos tornam únicos e confiar no amor e na graça de Deus para nos guiar em cada fase da vida. A família é como um jardim que precisa ser cuidada com carinho e atenção, e quando há amor e respeito entre seus membros, todos florescem juntos, felizes e unidos. Cada um de nós é especial do jeitinho que somos, e as diferenças tornam a vida mais bonita, assim como uma caixinha de lápis de cor que se completa com cores variadas.

DEVOCIONAL 5

OPA!

ORAR

"Querido Deus, obrigado por nos colocar na mesma família! Que nossas diferenças nos façam ficar mais juntinhos e ajudarmos uns aos outros sempre!"

PERGUNTAR

1. Qual dos filhos era o preferido de Rebeca, e qual era o de Isaque? Qual problema isso gerou?
2. O que cada pessoa da família faz de diferente que a torna uma família completa?

AGIR

Que tal se divertirem juntos montando um quebra-cabeça? Essa brincadeira mostra como cada peça é importante para completar um belo desenho. Assim como no quebra-cabeça, na família cada membro é como uma peça única, com suas próprias habilidades, personalidade e jeito de ser. Ao trabalharem juntos para montar o quebra-cabeça, vocês estarão celebrando as diferenças de cada um e mostrando como, quando se unem, formam algo maravilhoso e completo.

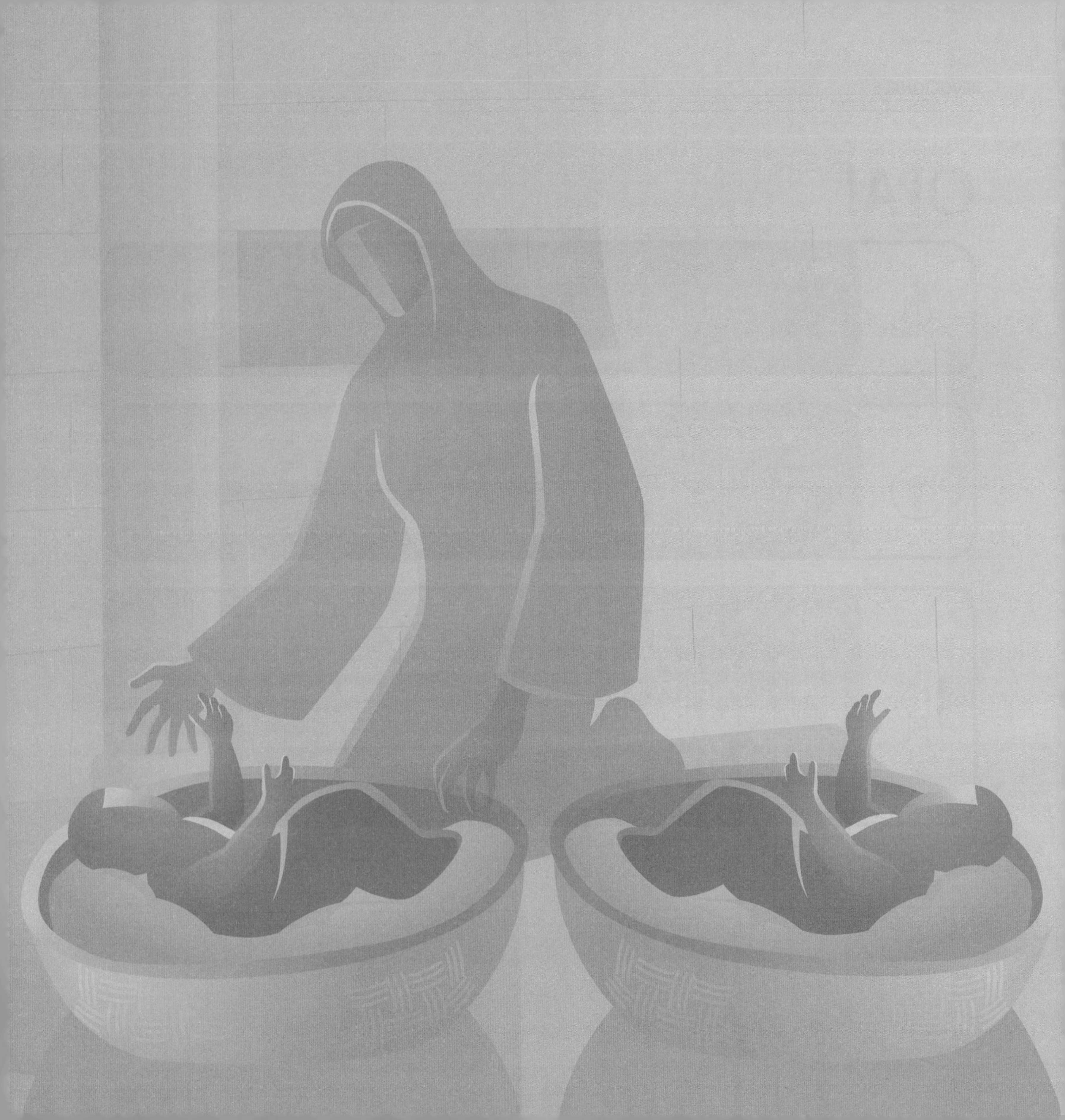

LIÇÃO

"As diferenças tornam a vida mais bonita, como um grande quebra-cabeça, que se completa com peças diferentes."

DEVOCIONAL 6

COMO É BOM FAZER AS PAZES!

GÊNESIS 37:1-35

"Um dia, havia um pai chamado Israel que tinha muitos filhos, mas ele amava um deles muito mais do que os outros: o seu filho José. José era o filho caçula, nascido quando Israel já estava bem velhinho. O pai de José fez uma capa especial e bonita para ele usar, mas os irmãos de José ficaram com ciúmes porque o pai gostava mais dele. Eles começaram a odiar José e não queriam mais falar com ele."

PARA COMEÇAR

Imagine que você está brincando no parque com seus amigos e, de repente, alguém te empurra e você cai. É normal ficar com raiva e querer se vingar, certo? Mas existe uma maneira melhor de lidar com a raiva! A história de hoje é sobre um homem chamado José, que passou por uma situação difícil com seus irmãos, mas decidiu agir de forma diferente. Vamos descobrir juntos como é bom fazer as pazes!

DEVOCIONAL 6

POR DENTRO DA HISTÓRIA

Um dia, muito tempo atrás, existiu uma família muito especial. Um homem chamado Jacó tinha doze filhos, e um deles era José, um jovem pastor de ovelhas. José ajudava seus irmãos no trabalho da família e era muito amado por seu pai, Israel. Ele o amava tanto que deu a José um lindo casaco colorido. Porém, isso deixou os outros irmãos com raiva, porque sabiam que o pai gostava mais dele.

José era um menino especial e tinha muitos sonhos que mostravam que um dia ele seria muito importante aqui na Terra. Mas, por ser um pouco imaturo, ele contava tudo para os irmãos antes do tempo certo, o que os deixava ainda mais irritados. Um dia, eles até pensaram em matar José, pois não aguentavam mais ouvir que ele teria grandes funções! Mas, no fim, decidiram vendê-lo como escravo.

José passou por muitas dificuldades, mas sempre manteve sua fé em Deus. Depois de anos, ele foi parar no Egito, onde trabalhou na casa de um homem importante chamado Potifar. José era muito inteligente e logo se tornou uma pessoa influente no Egito, mesmo sendo escravo. E sabe o que é mais legal? Essa história é verdadeira e não acaba aqui.

Agora, você pode estar se perguntando: E quanto aos irmãos de José que o venderam como escravo? Bem, aconteceu algo interessante. Um dia, houve uma grande fome na terra onde os irmãos de José moravam, e eles ouviram que no Egito havia alimentos. Então, foram para lá em busca de suprimentos, sem saber que quem estava cuidando de tudo era o próprio José! Quando chegaram ao Egito, não reconheceram José porque ele estava bem diferente, mas ele nunca os esqueceu.

Mesmo que os irmãos de José tivessem feito algo ruim com ele, José decidiu agir com bondade. Em vez de se vingar, ao não dar nada a eles, fez algo surpreendente. Ele os abraçou bem forte, preparou um jantar especial e até os convidou para morar com ele no Egito, para que nunca mais passassem dificuldades. José realmente mostrou que amava a Deus acima de todas as coisas e agiu com muito amor e perdão.

DEVOCIONAL 6

DAQUI PRA FRENTE

Uma das coisas que podemos aprender com a história de José é que não devemos agir com "olho por olho e dente por dente"; isso quer dizer que não devemos nos vingar quando alguém nos machuca. Mesmo quando alguém nos magoa, é importante ser gentil e perdoar, assim como José fez com seus irmãos. Imagina só se José tivesse se vingado quando teve a chance! Teria sido uma bagunça! Mas ele escolheu agir de maneira diferente, escolheu ser legal e perdoar. Isso nos mostra que, mesmo quando alguém nos faz chorar ou ficar bravo, podemos escolher ser diferentes e fazer o bem. Assim, a gente mostra o amor de Deus para todo mundo!

Sabe o que é mais incrível nisso tudo? Quando a gente faz isso, todo mundo fica feliz e nossa família e o mundo ficam melhores! Claro que não é fácil, e com certeza não foi fácil para José, mas o legal de caminhar com Deus é que não agimos do nosso jeito, fazendo o que queremos, nós agimos como Deus faria se estivesse em nosso lugar. Então, da próxima vez que alguém te magoar, lembre-se da história de José e escolha demonstrar quem vive dentro de você: o nosso Deus. Assim como Ele nos perdoa em todas as estações da vida, podemos fazer isso também.

NÃO SE ESQUEÇA

Como é bom fazer as pazes! A história de José nos mostra que o perdão e o amor são mais poderosos do que a vingança. Quando escolhemos ser legais com os outros, estamos mostrando como Deus é amoroso com a gente. Assim como José, podemos ser gentis e perdoar, mesmo quando alguém nos magoa. Isso nos faz pessoas melhores e ajuda a tornar o mundo um lugar mais feliz. Ao escolher perdoar e fazer as pazes, estamos plantando sementes de paz e harmonia, transformando nossa vida em um jardim que floresce com bondade e compaixão.

DEVOCIONAL 6

OPA!

ORAR

"Querido Deus, obrigado por nos dar todos os dias o Seu perdão e amor mesmo quando não merecemos. Agora, nos ajude a agirmos dessa mesma forma com as pessoas que nos machucarem, pois é isso que o Senhor faria. Amém."

PERGUNTAR

1. Como José agiu com seus irmãos quando os encontrou depois de tanto tempo longe?
2. Você já teve que perdoar alguém que te magoou? Como você se sentiu depois?

AGIR

Assim como José perdoou seus irmãos que o magoaram, nós também podemos seguir seu exemplo e mostrar amor e perdão para aqueles que nos machucaram no passado. Vamos escrever cartas de perdão, assim como José fez quando encontrou seus irmãos novamente? É uma maneira especial de mostrar que estamos deixando para trás o que nos machucou e abrindo espaço para um recomeço, como uma nova primavera em nossos corações!

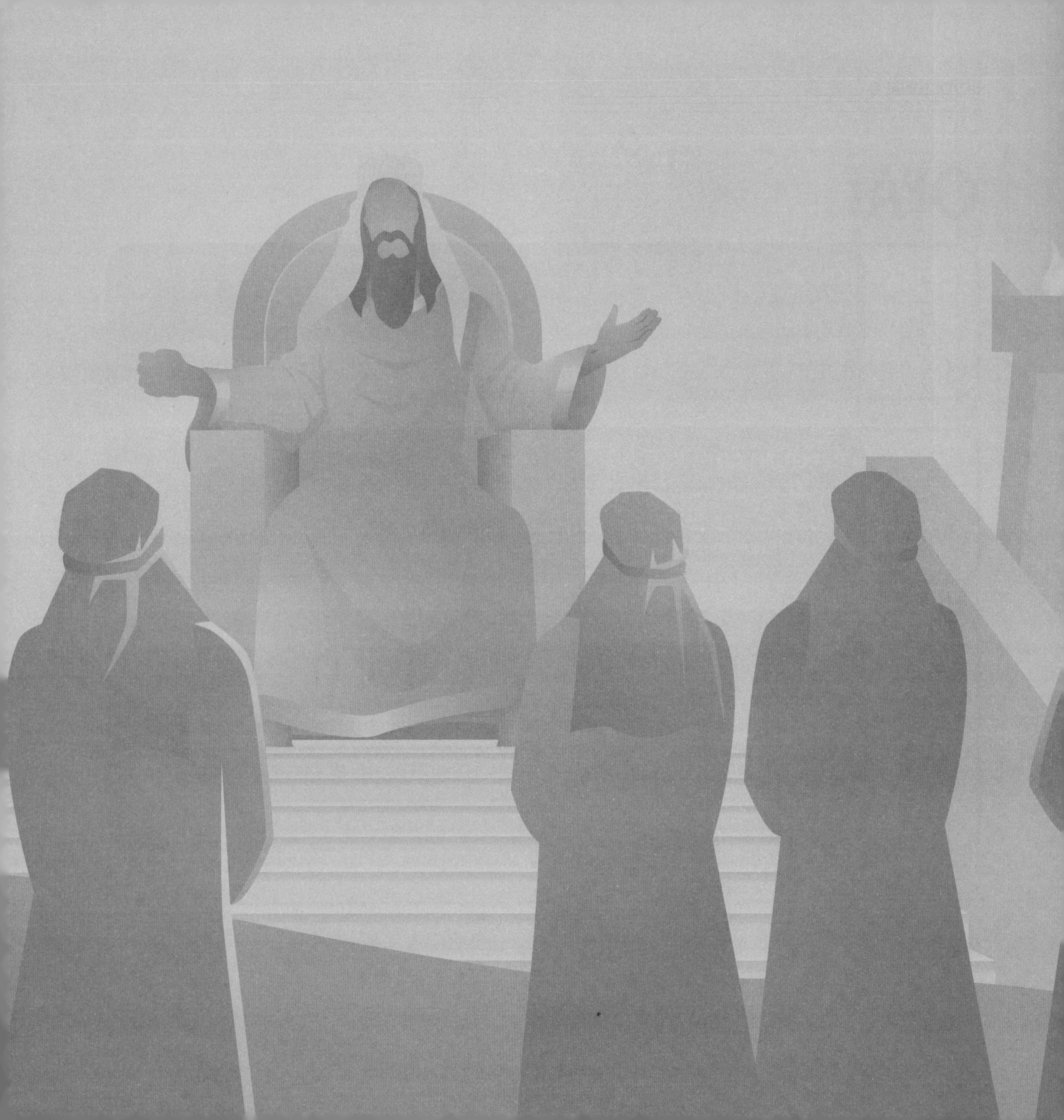

LIÇÃO

"Assim como Deus nos perdoa em todas as estações da vida, também devemos perdoar."

DEVOCIONAL 7

CORAGEM PARA CONFIAR!

ÊXODO 2:1-10

"Havia uma família muito especial, da tribo de Levi. Um dia, um casal dessa família teve um bebê. Porém, o faraó havia mandado matar todos os bebês meninos que tinham nascido naquela época. A mãe do bebê, vendo o quanto ele era especial, decidiu protegê-lo. Assim, ela o escondeu em um cesto e o colocou no rio para que não o matassem. O cesto flutuava suavemente pela água, enquanto a irmã mais velha do bebê vigiava de longe para ver o que aconteceria. Logo depois, a princesa do Egito foi ao rio para tomar banho, acompanhada de suas servas. A princesa viu o cesto e pediu que uma de suas servas o buscasse. Quando abriram o cesto, viram um bebê dentro, chorando! A princesa teve muita compaixão."

PARA COMEÇAR

Você já percebeu como, às vezes, a vida pode ser como um jogo de tabuleiro? Cheio de peças diferentes, com algumas cartas brilhantes e coloridas, outras escuras e misteriosas. Às vezes, parece que todas as peças estão funcionando perfeitamente e o jogo está indo muito bem. Mas, outras vezes, pode parecer que algumas cartas estão faltando e o jogo não avança para a próxima casa. Hoje, vamos falar sobre uma história incrível que mostra como Deus pode nos ajudar a vencer o jogo da vida, mesmo quando tudo parece difícil e sem sentido. Vamos viajar até o tempo de Moisés, um menino que enfrentou muitos desafios desde a sua infância até ficar bem velhinho, mas descobriu que com Deus sempre há esperança.

DEVOCIONAL 7

POR DENTRO DA HISTÓRIA

Havia uma época em que os hebreus, o povo de Deus, viviam no Egito. Mas não era uma vida fácil. O Egito era um império muito poderoso, e os hebreus eram tratados muito mal pelo novo rei, o faraó. Eles eram obrigados a trabalhar muito e não recebiam nada por isso. E uma vez, o faraó teve um plano muito ruim, ele mandou matar todos os bebês meninos dos hebreus! Imagine que tristeza! Mas Deus tinha prometido a Abraão que os descendentes dele seriam tantos quanto as estrelas do céu, se lembram? Agora, como isso poderia acontecer se todos os bebês meninos estavam sendo mortos? Deus sempre tem um plano!

Uma mulher corajosa chamada Joquebede teve um bebezinho, e ela sabia que se os egípcios descobrissem, iriam matá-lo. Então ela teve uma ideia ousada: colocou o bebê em um cesto e o deixou ir pelo Nilo, um rio onde todos podiam beber água e se banhar. Enquanto isso, a filha do faraó estava tomando banho neste rio, ouviu o choro do bebê e o encontrou no cestinho. Ela teve compaixão e decidiu cuidar dele como se fosse seu próprio filho. A irmãzinha do bebê, Miriã, estava de longe observando tudo, e quando viu aquela cena, foi até a princesa e se ofereceu para encontrar uma mulher que pudesse amamentar o bebê. A princesa concordou, e assim a mãe do próprio bebê, Joquebede, cuidou dele.

Quando o bebê cresceu um pouco, a mãe o levou de volta para a princesa. Ela o adotou e deu a ele o nome de Moisés. Ele cresceu no palácio do faraó, tendo todos os privilégios da cultura egípcia, mesmo sendo um hebreu. Um dia, ele viu um egípcio maltratando um hebreu e ficou muito zangado, pois ele não aceitava que seu povo de origem fosse maltratado. Ele acabou matando o egípcio e teve que fugir do Egito imediatamente. Porém, Deus estava sempre com Moisés, independente dos seus erros ou acertos, Ele tinha grandes planos para ele. Só que Deus não podia usar um homem que agia sem pensar; por isso, Moisés precisava aprender a ter paciência e autocontrole. Então ele foi parar no deserto, em Midiã, e, pastoreando ovelhas, ali ele aprendeu a cuidar e a amar.

DAQUI PRA FRENTE

Sabe, às vezes, a vida pode parecer muito difícil, cheia de coisas difíceis de entender. Mas, mesmo quando tudo parece escuro, como um inverno sem fim, podemos encontrar esperança e florescer como as flores na primavera. Lembra da história do bebê Moisés? Ele nasceu em um momento muito difícil para os hebreus. O faraó queria que todos os bebês meninos fossem mortos. Mas a mãe de Moisés fez algo muito corajoso. Ela colocou ele em um cestinho e o deixou no rio. Por mais assustador que isso possa parecer, foi exatamente nesse momento difícil que algo incrível aconteceu. A filha do faraó encontrou o bebê e decidiu cuidar dele. Ela deu a ele um novo lar e um novo nome: "Moisés", que significa "tirado da água". Mesmo quando tudo ao nosso redor parece triste e sombrio, como o rio onde Moisés foi colocado, Deus pode nos ajudar a florescer. Ele tem um plano especial para cada um de nós, mesmo nos momentos mais difíceis.

Assim como as flores que crescem em meio às pedras, podemos encontrar força e esperança em Deus. Ele nos dá coragem para enfrentar os desafios e nos ajuda a crescer, mesmo quando tudo parece impossível. Então, lembre-se sempre: assim como Moisés floresceu em meio aos desafios da vida, nós também podemos florescer, mesmo quando parece que só há morte ao nosso redor. Deus está sempre conosco, nos guiando e nos dando forças para crescer.

NÃO SE ESQUEÇA

Precisamos sempre lembrar que, mesmo quando tudo ao nosso redor parece confuso, como em uma jogada de um jogo de tabuleiro, Deus está com a gente, nos ajudando a dar o próximo passo. Vamos confiar em Deus, assim como a mãe de Moisés fez. Ele tem um plano especial para cada um de nós e nos dá força para enfrentar os desafios da vida. Nunca se esqueça: com Deus, sempre há esperança! Assim como as flores que nascem na primavera, podemos encontrar alegria e esperança nEle. Vamos viver isso todos os dias, confiando em Deus e espalhando amor e alegria por onde formos. Com Deus, sempre há esperança!

DEVOCIONAL 7

OPA!

ORAR

"Querido Deus, agradecemos por nos dar coragem para confiar, mesmo quando as coisas parecem sem sentido. Pedimos que nos ajude a enxergar que tudo coopera pro nosso bem. Amém."

PERGUNTAR

1. Por que Joquebede tomou a decisão de colocar Moisés em um cestinho e deixá-lo no rio Nilo?
2. Você já teve alguma experiência em que precisou confiar em Deus?

AGIR

Para dar vida à história de Moisés de maneira criativa, vocês podem criar um "rio" usando tiras longas de papel crepom ou algum outro tipo papel colorido da cor azul. Espalhem essas tiras pelo chão ou sobre a mesa para representar o rio Nilo de forma imaginária. Os participantes podem se imaginar como Moisés flutuando no rio e, enquanto adicionam suas tiras de papel ao "rio", contam uma parte da história de Moisés. Essa atividade permite que vocês usem a imaginação enquanto aprendem sobre a história bíblica, criando um momento de interação e diversão em família!

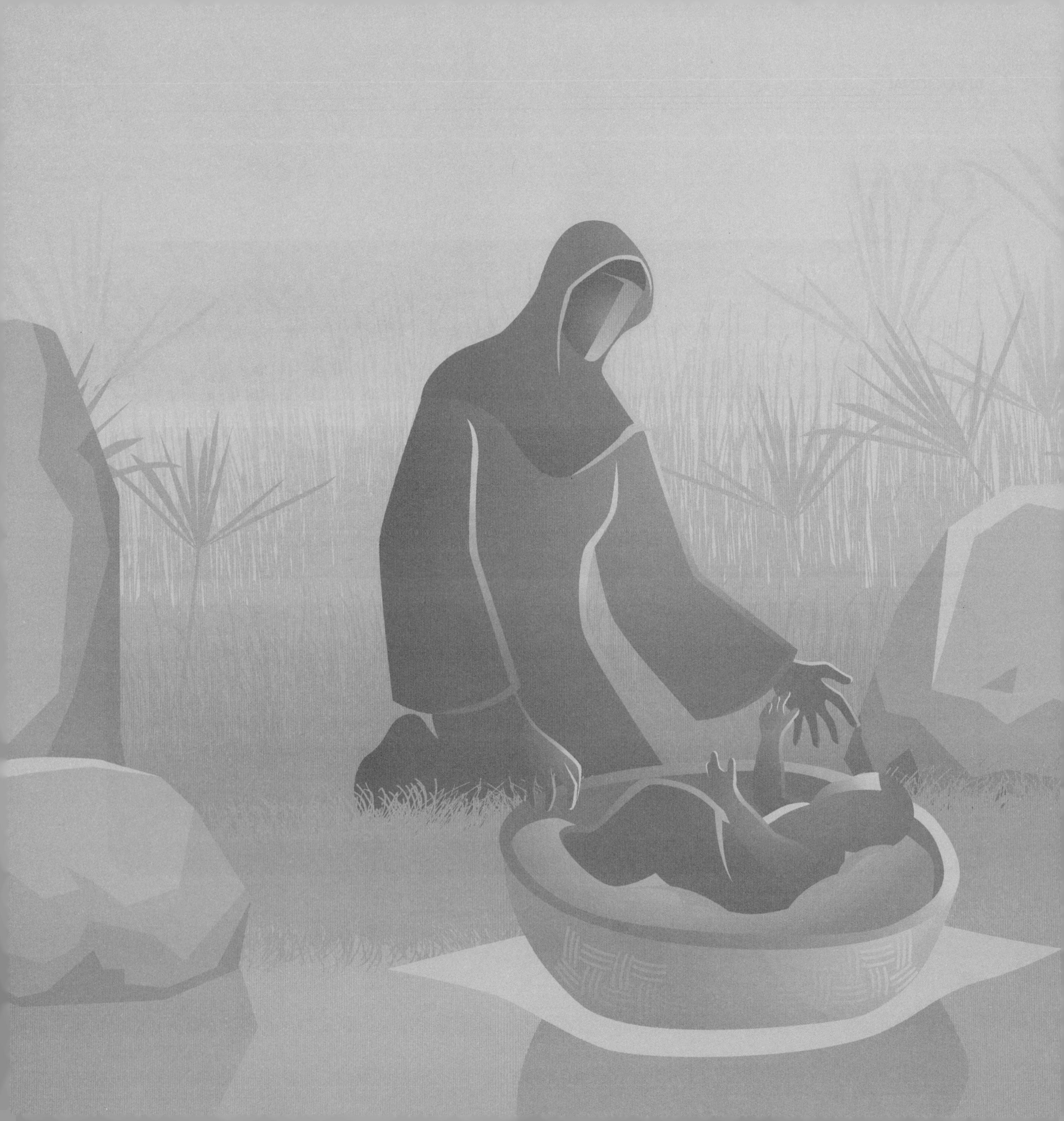

LIÇÃO

"Deus nos dá coragem para enfrentar os desafios da vida e nos ajuda a crescer, mesmo quando tudo parece impossível."

DEVOCIONAL 8

O PLANO PERFEITO EM TEMPOS DIFÍCEIS!

ÊXODO 3:1-15

"Um dia, enquanto Moisés cuidava das ovelhas do seu sogro Jetro, que era pastor em uma terra chamada Midiã, ele levou as ovelhas para um lugar especial no deserto, conhecido como Horebe, o monte de Deus. Lá, algo incrível aconteceu! Um anjo do Senhor apareceu para Moisés em um arbusto que estava pegando fogo, mas não se queimava. Moisés ficou muito surpreso e pensou: 'O que está acontecendo aqui? Como é possível que o arbusto não esteja queimando?' Então, o Senhor chamou Moisés pelo nome duas vezes, e ele respondeu: 'Estou aqui!'."

PARA COMEÇAR

Não sei se você sabe disso, mas os filhotes de águia nascem em um ninho no alto de um penhasco, rodeados pelo vasto céu azul. À medida que crescem, chega o momento em que os filhotes precisam aprender a voar. Mas como eles conseguem fazer isso? É aí que entra a incrível mãe águia. Com paciência e sabedoria, ela ajuda seus filhotes a descobrir a emoção de voar. Mas você sabia que, para aprender a voar, a mãe águia precisa tomar uma atitude corajosa? Ela leva os filhotes até o alto do penhasco e, com um empurrão gentil, os lança no ar. Parece assustador, não é mesmo? Mas não se preocupe, a mãe águia está sempre por perto para buscá-los e guiá-los de volta ao ninho caso algum deles não consiga bater as asas o suficiente. Vamos explorar como Deus age em nossa vida em tempos difíceis!

DEVOCIONAL 8

POR DENTRO DA HISTÓRIA

A história de Moisés é marcada por inúmeros desafios. Depois de deixar o Egito, onde era visto como um traidor, Moisés precisava começar uma nova vida no deserto. Foi lá, em Midiã, que ele conheceu Zípora, uma das filhas de Jetro, e com ela teve dois filhos. Moisés talvez pensasse que finalmente as coisas estavam se encaixando em sua vida no deserto, mas Deus tinha planos maiores para ele, além de Midiã.

Os hebreus estavam passando por tempos difíceis no Egito desde a fuga de Moisés. A violência e as mortes causadas pela maldade dos egípcios eram constantes. Durante 430 anos, o povo de Deus viveu como escravo no Egito, um tempo muito longo, não é mesmo? Mas Deus não se esqueceu da promessa feita a Abraão, mesmo diante dos tempos difíceis. Ele estava fazendo nascer uma esperança para o seu amado povo. Do céu, Deus ouviu o choro e as orações do seu povo e decidiu agir. Ele precisava de alguém disposto a liderar a libertação do povo, e encontrou esse alguém em Moisés, cuidando das ovelhas de seu sogro Jetro no deserto. Por meio de uma sarça em chamas, Deus falou com Moisés, chamando-o para a maior missão de sua vida: liderar a libertação do povo do Egito. Moisés disse "sim" para Deus, com muitas dúvidas, mas não faltou a fé. Ele perguntou qual nome deveria dizer ao Faraó, e Deus respondeu: "Eu sou o que sou".

Quando Moisés chegou ao Egito, foi direto ao palácio reencontrar sua antiga família e dizer ao Faraó a missão que o "Eu sou" tinha dado a ele. Ele exigiu a libertação dos hebreus, dizendo que se ele não fizesse isso, Deus enviaria pragas apenas aos egípcios. E foi exatamente o que aconteceu. Deus enviou pragas terríveis sobre o Egito, tais como: transformou o rio Nilo em sangue, enviou rãs, piolhos e moscas, doenças e feridas, chuvas de granizo e gafanhotos, uma escuridão total e, por fim, a morte dos primogênitos do Egito, mostrando Seu poder e forçando o Faraó a libertar o povo. Deus chamou Moisés para essa missão, e Ele mesmo fez acontecer toda a libertação.

DEVOCIONAL 8

DAQUI PRA FRENTE

Às vezes, a vida nos coloca diante de desafios que parecem tão grandes e assustadores quanto o céu vasto diante de um filhote de águia. É como se estivéssemos sendo lançados no ar, sem ter certeza de como vamos conseguir voar. No entanto, assim como uma mãe águia está sempre presente para cuidar e proteger seus filhotes, Deus também está conosco em todos os momentos, especialmente nos tempos difíceis.

Moisés, desde o seu nascimento, enfrentou uma série de desafios em sua vida. Desde ser colocado em um cesto no rio até ser visto como um traidor no Egito, sua jornada foi marcada por obstáculos que testaram sua coragem e fé. Mas, assim como os filhotes de águia precisam ser empurrados para aprender a voar, Moisés foi impulsionado por situações difíceis que o levaram a agir com coragem e confiança em Deus.

A cada passo do caminho, Deus estava ao seu lado, guiando-o e dando-lhe forças para enfrentar seus próprios desafios. Mesmo quando tudo parecia impossível, Deus capacitou Moisés a superar obstáculos, assim como Ele nos capacita a voar, nos dando coragem para enfrentar o que quer que esteja diante de nós. Assim como Moisés confiou em Deus para liderar o povo à liberdade, podemos confiar em Deus para nos guiar em nossa própria jornada, mesmo nos momentos mais difíceis.

NÃO SE ESQUEÇA

À medida que enfrentamos os desafios da vida, podemos lembrar da coragem de Moisés e da firmeza da mãe águia. Assim como Moisés confiou em Deus para liderar o povo à liberdade e como os filhotes de águia confiam em sua mãe para aprender a voar, também podemos confiar em Deus para nos guiar em nossa jornada. Ele está sempre conosco, nos capacitando a superar obstáculos e voar mais alto do que jamais imaginamos. Que possamos, como Moisés, enfrentar cada desafio com fé e coragem, sabendo que Deus está conosco em todos os momentos, nos impulsionando a alcançar novas alturas. Que essa história nos lembre do amor, da coragem e da esperança que Deus planta em nossos corações, permitindo-nos voar em direção ao Seu plano perfeito para nossas vidas.

DEVOCIONAL 8

OPA!

ORAR

"Querido Deus, nos ajude a compreender que o seu plano sempre será bom, perfeito e agradável para nós, mesmo que pareça estarmos confusos, declaramos que nossa confiança está acima do que estamos vendo hoje, ela está em Ti, por isso iremos descansar! Amém."

PERGUNTAR

1. Como você acha que Moisés se sentiu quando Deus o chamou para liderar o povo à liberdade?
2. Você já se sentiu chamado por Deus para fazer algo?

AGIR

Que tal deixar a história de Moisés ainda mais emocionante criando um teatro de sombras em família? É uma atividade divertida que, juntos, vocês podem usar para ilustrar momentos importantes da história de Moisés. Com uma lanterna e uma parede de casa, os participantes podem criar sombras que representam cenas marcantes da vida de Moisés, como sua descoberta na sarça ardente ou seu encontro com o Faraó. Enquanto as sombras ganham vida na parede, vocês podem escolher um membro da família para narrar uma das histórias. Essa abordagem visual não apenas torna a história mais envolvente, mas também facilita a memorização dos acontecimentos e lições aprendidas.

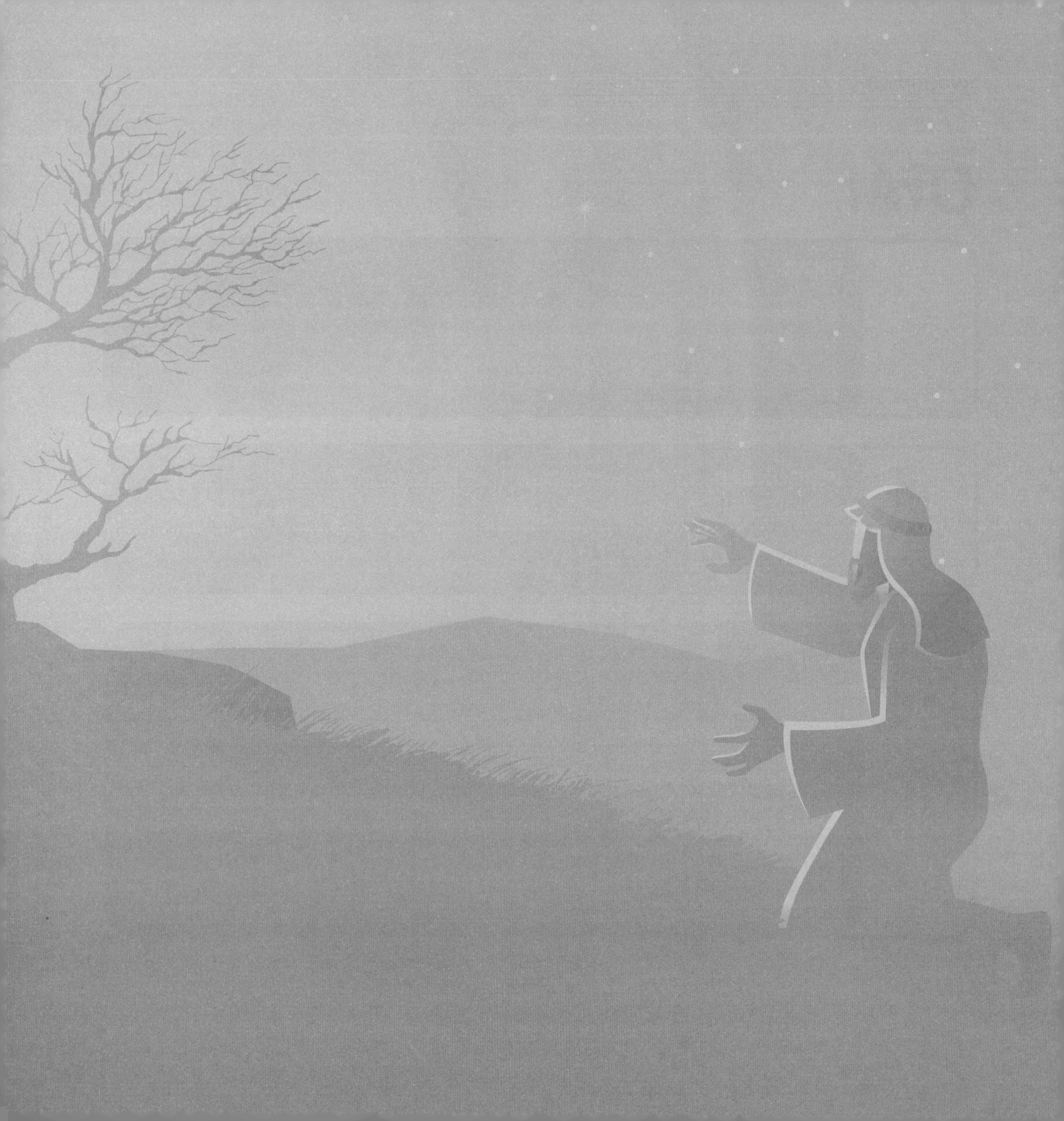

LIÇÃO

"Assim como filhotes de águia precisam ser empurrados para voar, somos impulsionados por Deus nas dificuldades a agir com coragem e confiança."

UMA MUDANÇA PROFUNDA!

ÊXODO 3:1-15

"Um dia, os israelitas viram o exército do faraó se aproximando. Eles estavam com muito medo! Então, pediram ajuda a Deus e falaram com Moisés: 'Por que nos trouxe para cá? Preferiríamos ter ficado no Egito do que morrer no deserto! Nós já havíamos avisado que isso ia acontecer!' Moisés disse ao povo: 'Não tenham medo. Confie em Deus; Ele vai nos ajudar hoje. Olhem bem para os egípcios, pois vocês não vão mais vê-los.'"

PARA COMEÇAR

Imagine que você está aprendendo a andar de bicicleta. No início, pode ser difícil e assustador. Você pode cair algumas vezes e sentir-se frustrado. Mas, à medida que continua tentando, você começa a perceber que está melhorando. Você aprende a equilibrar-se, a pedalar com mais confiança e a sentir a brisa no rosto enquanto se move. Essa é uma mudança positiva! No começo, você estava preso à ideia de não saber andar de bicicleta, mas agora você está experimentando a liberdade e a diversão que ela pode proporcionar. Essa é uma prova de que as mudanças podem ser desafiadoras no início, mas ao longo do tempo nos levam a novas experiências e oportunidades emocionantes.

DEVOCIONAL 9

POR DENTRO DA HISTÓRIA

O dia em que Moisés e o povo foram libertados do Egito foi muito especial! Eles estavam arrumando todas as suas coisas para uma aventura emocionante, uma grande mudança. Imaginem só, depois de serem escravizados por tantos anos, o rei do Egito, o Faraó, finalmente deixou que fossem embora para começar uma vida nova no deserto! Mas o Faraó mudou de ideia. Ele achou que tinha feito uma grande bobagem deixando o povo ir embora. Quem iria trabalhar se os hebreus não estivessem lá? Então, o Faraó chamou seu exército mais forte para ir atrás deles, capturar todos e fazê-los voltar a serem escravos. Quando os soldados egípcios chegaram perto do povo, Deus fez uma nuvem escura aparecer para confundir os egípcios.

Enquanto isso, Moisés esticou seu cajado e, com a ajuda de Deus, abriu um grande caminho no meio do Mar Vermelho! Incrível, não é? Os hebreus passaram por esse caminho, andando em terra firme! E a surpresa mais incrível de todas foi que, quando os soldados do Faraó tentaram seguir os hebreus, a água voltou ao normal e todos eles foram engolidos pelo mar! E assim, os hebreus conseguiram escapar e começar sua nova vida. Agora, a mudança que o povo teria que fazer não era apenas de lugar, mas também de pensamento. Eles precisavam aprender a ser livres de verdade, não apenas no corpo, mas na mente também.

Por isso, Deus chamou Moisés para subir no monte Sinai, onde Ele lhe deu dez regras importantes para o povo seguir. Essas regras, chamadas de Dez Mandamentos, ensinavam coisas como: amar a Deus acima de tudo, ser bom com os outros e não fazer coisas ruins. Foi um jeito de Deus mostrar como queria que Seu povo vivesse, porque agora eles eram um povo especial, exclusivo e escolhido por Ele. E assim, no deserto, começou uma jornada cheia de aprendizados até que um dia, eles chegassem na terra que Deus havia prometido para Abraão, Isaque e Jacó.

DAQUI PRA FRENTE

Às vezes, precisamos passar por grandes mudanças. Assim como os hebreus se sentiram presos, nós também podemos nos sentir assim, com pensamentos e hábitos que nos seguram. Mas, assim como Moisés ajudou seu povo a sair do Egito, podemos encontrar em Deus uma vida nova, cheia de liberdade e amor.

Para mudar de verdade, não basta só falar. A verdadeira mudança acontece quando mudamos a forma como pensamos e agimos. Falar sobre mudar é fácil, mas fazer isso precisa de compromisso, esforço e coragem para enfrentar desafios.

Uma boa maneira de começar é entender a importância das regras. Elas mostram que amamos nossa família e ajudam a ter uma vida melhor. Os Dez Mandamentos que Deus deu a Moisés são um exemplo disso, mostrando o que está em nosso coração. Ao seguir essas regras, mostramos quem somos e que valorizamos amor, justiça e bondade.

No dia a dia em família, é importante lembrar que cada escolha é uma chance de mostrar quem somos. Sempre que escolhemos amar em vez de odiar, ser generosos em vez de gananciosos, estamos dando um passo para uma vida verdadeira e transformada.

Vamos nos comprometer a mudar! Vamos transformar nossos pensamentos e corações, seguindo as regras que mostram o amor de Deus, e viver uma vida cheia de amor, liberdade e bênçãos para nossa família.

NÃO SE ESQUEÇA

Assim como os hebreus enfrentaram desafios ao sair do Egito rumo à Terra Prometida, nós também passamos por mudanças em nossas vidas. Às vezes, essas mudanças podem dar medo, mas também podem trazer coisas boas. Pense em aprender a andar de bicicleta: é difícil no começo, mas depois se torna divertido. Quando seguimos os Dez Mandamentos, conseguimos construir uma vida cheia de amor e felicidade para nossa família. Vamos enfrentar as mudanças com coragem, sabendo que elas nos levam a um futuro incrível!

DEVOCIONAL 9

OPA!

ORAR

"Querido Deus, obrigado por nos mostrar que nas mudanças há sempre oportunidades para o nosso crescimento. Ajude-nos a enfrentar as mudanças em nossa vida com coragem e fé, sabendo que o Senhor está sempre conosco, guiando-nos em nossa jornada de transformação. Que possamos obedecer aos princípios que nos conduzem para uma vida melhor, vivendo cada dia com amor, generosidade e justiça. Amém."

PERGUNTAR

1. Como Moisés e os hebreus conseguiram escapar dos soldados egípcios e atravessar o Mar Vermelho?
2. O que podemos fazer juntos todos os dias para mostrar amor e deixar nossa família mais feliz?

AGIR

Assim como o povo hebreu provou uma experiência de mudança em todas as áreas de suas vidas, que tal se unirem para arrumar o quarto hoje? Pegue os seus brinquedos, roupas e livros e vamos deixar tudo bem organizadinho juntos! Quando deixamos nosso espaço arrumadinho, fica mais fácil encontrar as coisas que queremos e nos sentimos mais confortáveis. Isso é como fazer uma mágica na nossa casa! Vamos experimentar?

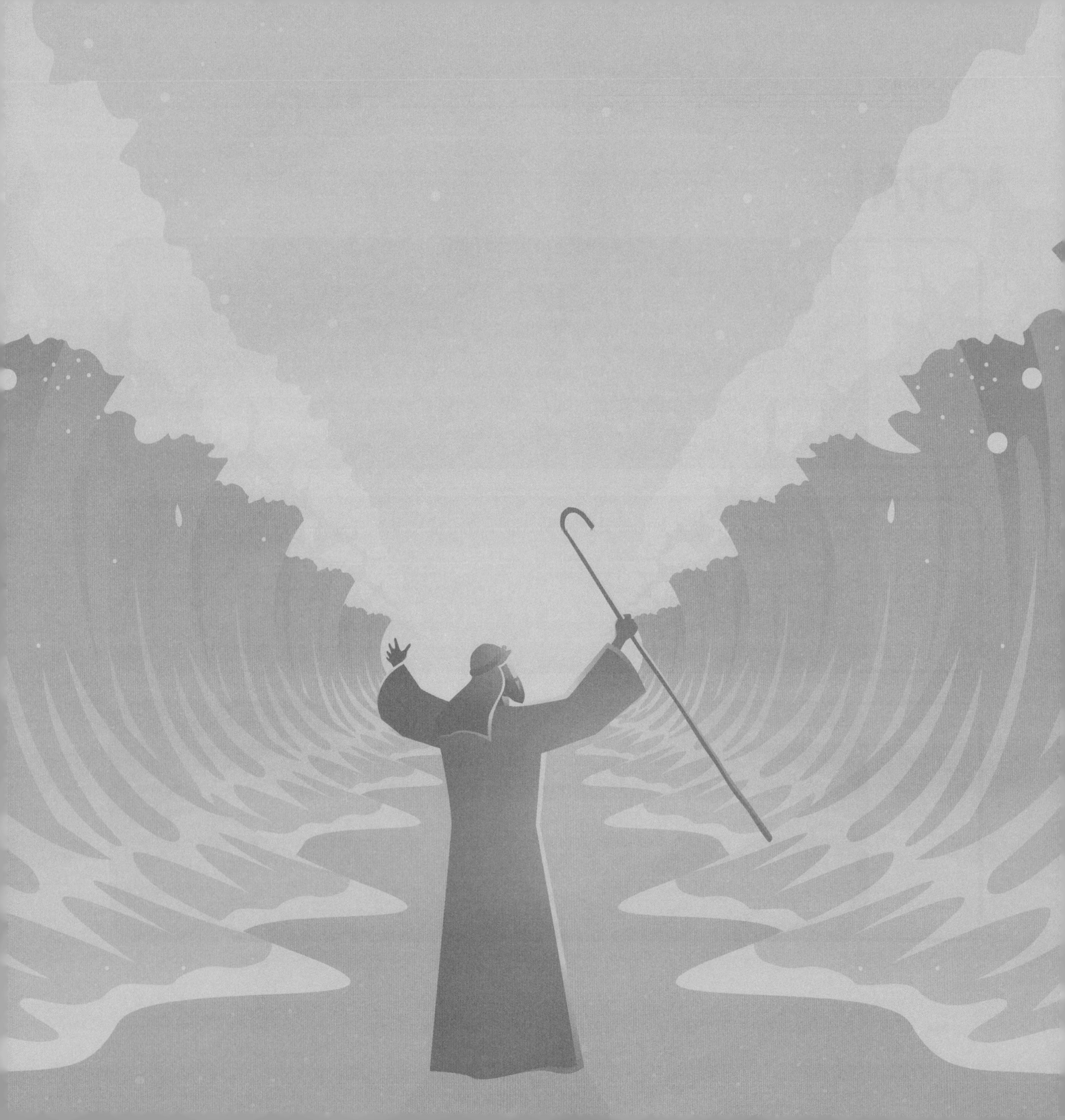

LIÇÃO

"É fácil dizer que queremos mudar; o mais difícil é fazer essa mudança acontecer, pois requer compromisso e muito esforço."

DEVOCIONAL 10

UM GRANDE AMIGO!

ÊXODO 33:11

"Deus costumava conversar com Moisés como amigos que moram perto um do outro. Depois, Moisés voltava para onde as outras pessoas estavam acampadas. Mas Josué, que era jovem e ajudava Moisés, preferia ficar na tenda de Deus e não ir embora."

PARA COMEÇAR

Você já pensou em como é importante ter amigos? Às vezes, quando vamos brincar no parque, encontramos um novo amiguinho. Ou, na escola, podemos nos juntar a um grupo para fazer trabalhos e até compartilhar o lanche na hora do recreio. Ter amigos é muito legal, não é mesmo?

Mas você sabia que também podemos ter um amigo muito especial que está sempre conosco, não importa onde estejamos? Esse amigo é Deus! Vamos descobrir juntos como podemos ser amigos d'Ele todos os dias!

DEVOCIONAL 10

POR DENTRO DA HISTÓRIA

Desde o começo da história, Deus sempre quis ter uma amizade especial com as pessoas. Ele iniciou essa amizade com Adão e Eva no Jardim do Éden e a continuou com muitos outros, como Noé e Moisés. Moisés foi quem ajudou o povo a sair do Egito, mas, mesmo depois de tantos anos no deserto, o povo ainda não entendia a importância de seguir as regras de Deus. Isso deixava Deus triste e Moisés bravo.

Um dia, enquanto Moisés conversava com Deus no monte, o povo decidiu fazer uma estátua de ouro e adorá-la! Quando Moisés viu isso, ficou muito bravo! Deus, então, mostrou a Moisés a Terra Prometida, mas ele não pôde entrar lá. Moisés morreu antes do povo chegar e foi morar com Deus no céu.

Agora, quem lideraria o povo na conquista da Terra Prometida? Moisés tinha um grande amigo chamado Josué, que era especial porque Deus também estava com ele. Desde pequeno, Josué sempre gostou de estar perto de Deus, passando tempo na tenda do encontro, buscando Sua presença e ouvindo Suas instruções.

Quando Moisés morreu, Josué ficou triste, mas Deus falou com ele e lhe deu uma promessa maravilhosa: "Seja forte e corajoso, pois estarei com você por onde você for." Com a certeza de que Deus estava com ele, Josué começou a liderar o povo para finalmente conquistar a Terra Prometida.

Durante toda a sua vida, Josué enfrentou muitas aventuras e desafios, mas sempre confiou em Deus. No final de sua vida, já um homem idoso, Josué fez uma declaração poderosa: "Eu e minha casa serviremos ao Senhor." Ele se manteve fiel a Deus e liderou seu povo com coragem e fé, desde sua juventude até sua velhice.

DAQUI PRA FRENTE

Você também deseja ser amigo de Deus? Assim como Josué, podemos ser amigos d'Ele desde pequenos! Mas como fazemos isso? Podemos conversar com Deus todos os dias, assim como fazemos com nossos amigos. Podemos contar como foi o nosso dia e pedir ajuda quando precisamos.

Por exemplo, se estamos com medo antes de dormir, podemos pedir a Deus para nos proteger e nos dar um sono tranquilo. Josué enfrentou muitos desafios, mas sempre confiou que Deus estava com ele. E você também pode confiar em Deus!

Quando você vai para a escola, faz novos amigos ou enfrenta situações difíceis, pode ter certeza de que Deus está sempre ao seu lado, dando coragem e segurança. Assim como Josué, podemos agradecer a Deus por todas as coisas boas que Ele faz por nós. Podemos agradecer pelo nosso brinquedo novo, pelo tempo divertido com a família e até pelos momentos difíceis, porque sabemos que Deus está sempre cuidando de nós, como um amigo fiel que nunca nos abandona.

NÃO SE ESQUEÇA

A vida de Josué nos mostra que podemos ser amigos de Deus em todas as fases da vida, desde quando somos crianças até ficarmos bem velhinhos. Vamos aprender com Josué a conversar com Deus, confiar Nele e agradecer por tudo o que Ele já fez e ainda vai fazer por nós, todos os dias!

DEVOCIONAL 10

OPA!

ORAR

"Querido Deus, obrigado por ser nosso amigo e por estar sempre conosco em todas as fases da nossa vida. Assim como Josué confiou em Ti, ajuda-nos a confiar em Ti também, em todas as aventuras e os desafios que enfrentarmos. Ajuda-nos a falar contigo como falamos com um amigo e a sermos gratos por todas as bênçãos que recebemos. Amém."

PERGUNTAR

1. O que Deus disse a Josué quando Moisés morreu?
2. Como podemos falar com Deus no nosso dia a dia, assim como Josué falava?

AGIR

Vamos brincar de "Caça aos versículos"! Esconda cartões com versículos da Bíblia pela casa ou pelo quintal. Quando o líder disser "Já!", todos vão correr para encontrar um cartão. Ao encontrar um, leiam o versículo e tentem descobrir qual história da Bíblia ele conta. Pode ser sobre um dos muitos amigos de Deus que aparecem na Bíblia! O primeiro a adivinhar a história ganha um prêmio especial. Divirtam-se e descubram juntos as histórias incríveis da Bíblia!

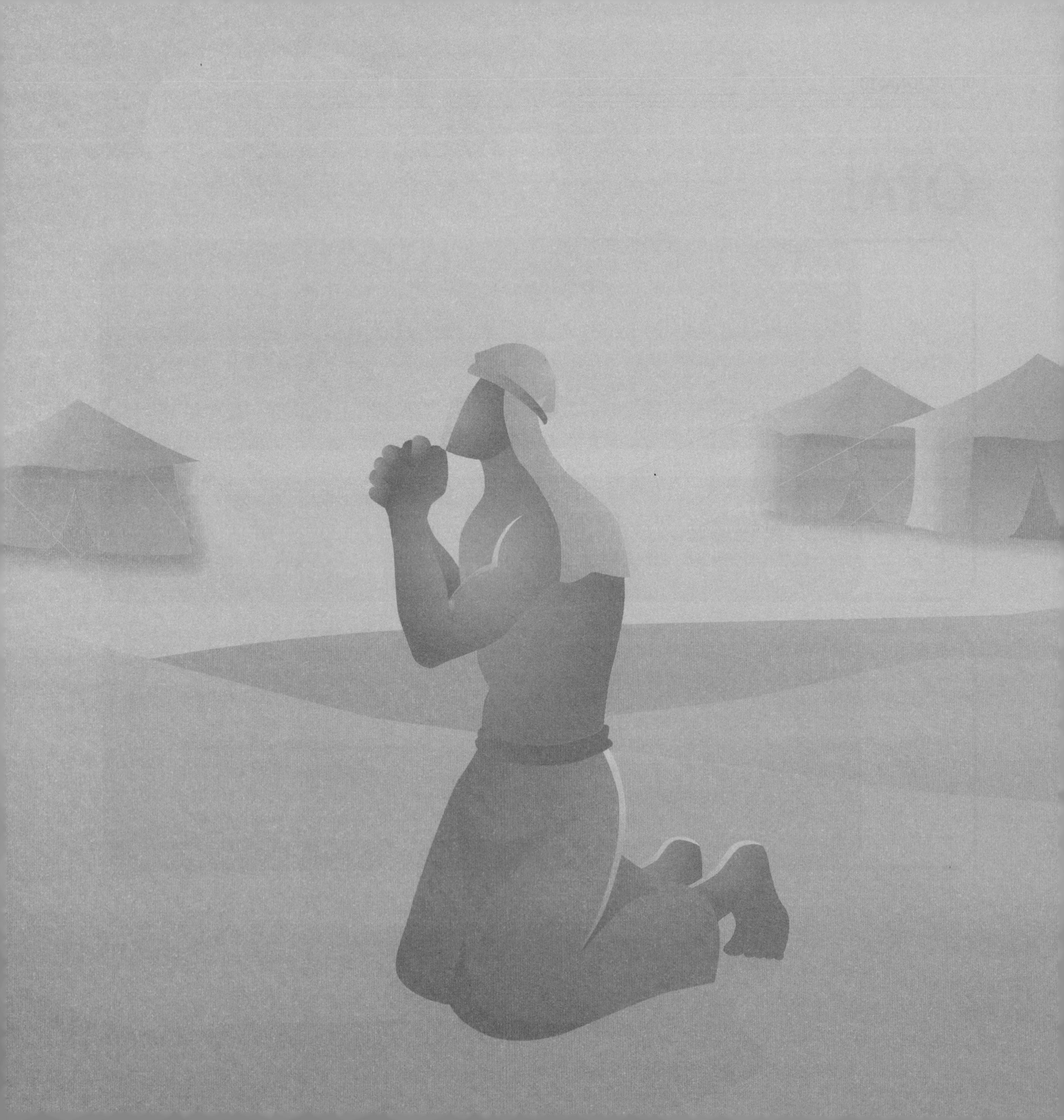

LIÇÃO

"Podemos confiar que Deus é o nosso melhor amigo, aquele que está sempre ao nosso lado, nos dando coragem para enfrentar qualquer desafio!"

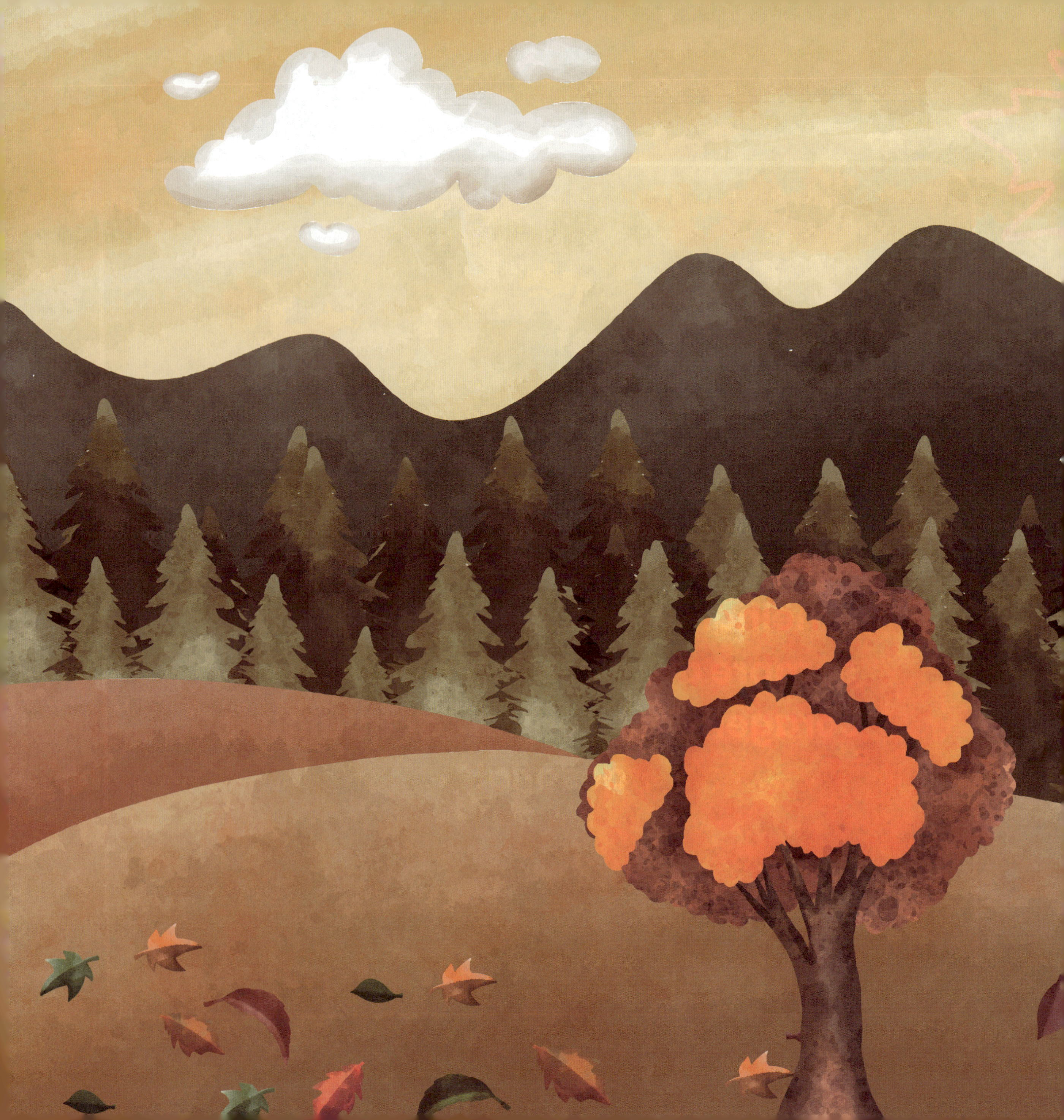

BEM-VINDOS AO OUTONO!

No Outono, a paisagem muda e as folhas caem, revelando novos caminhos, e assim também vemos a transição do pequeno governo dos juízes para a grande monarquia em Israel. Vamos acompanhar os corajosos juízes Débora, Gideão, Sansão e Samuel, que foram como as folhas coloridas, trazendo liderança e sabedoria ao povo de Deus para as decisões do dia a dia. Em seguida, o povo pede um rei humano, e vemos a chegada de Saul, Davi e Salomão. Contudo, como as folhas espalhadas pelo vento, esse desejo por um rei trouxe divisão entre as tribos, separando o Reino em Norte e Sul. Vamos refletir sobre como Deus ainda cuida de nós e nos guia, mesmo quando as mudanças e os desafios nos cercam.

TRABALHANDO JUNTOS!

JUÍZES 2:11-15

"Débora era uma profetisa e esposa de Lapidoto. Naquela época, ela era a líder de Israel. Débora trabalhava debaixo de uma palmeira que ficava entre duas cidades chamadas Ramá e Betel, nas montanhas de Efraim. As pessoas iam até ela para resolver suas brigas. Um dia, Débora chamou um homem chamado Baraque e disse: 'Deus, o Senhor de Israel, mandou você fazer uma coisa: 'Vá até o monte Tabor e se prepare para a guerra. Leve dez mil soldados das tribos de Naftali e Zebulom. Eu vou fazer com que Sísera, o comandante do exército do rei Jabim, venha até o rio Quisom com seus carros e tropas. Eu prometo que você vai ganhar a batalha'."

PARA COMEÇAR

Você já percebeu como é incrível quando a família se une para resolver um problema ou alcançar um objetivo? Bem, pense quando alguém da família ajuda a consertar algo em casa ou quando todos se reúnem para cuidar de alguém que não está se sentindo tão bem. Pensando exatamente nisso, há uma história fascinante na Bíblia sobre uma equipe incrível formada por Débora e Baraque. Eles descobriram o poder de trabalhar juntos em meio aos desafios.

DEVOCIONAL 11

POR DENTRO DA HISTÓRIA

Há muito, muito tempo, em um lugar chamado Canaã, vivia o povo de Israel. Vocês se lembram de quando eles escaparam do Egito, onde eram escravos? Deus os levou para Canaã, uma terra linda com montanhas e rios. Um grande herói desse povo era Josué. Com a ajuda de Deus, ele liderou os israelitas em aventuras emocionantes, conquistando terras e construindo cidades.

Mas a história deles não parou por aí! Depois de vencer muitas batalhas, os israelitas começaram a se esquecer de Deus e a adorar outros deuses. Isso deixou Deus triste, mas Ele nunca desistiu do Seu povo. Ele amava muito os israelitas e queria ajudá-los a fazer o que era certo.

Então, Deus escolheu uma mulher corajosa e sábia chamada Débora para ajudar o povo. Ela era uma líder especial, uma juíza que resolvia os problemas das pessoas. Débora era muito inteligente e sempre orava por eles. Quando os inimigos atacaram, ela chamou um valente guerreiro chamado Baraque para liderar o exército. Baraque estava com medo, mas Débora o acalmou, lembrando-o de que Deus estaria com eles na batalha.

Juntos, Deus, Débora e Baraque formaram uma equipe forte. Débora orava enquanto Baraque liderava os soldados. Durante a batalha, Deus ajudou o povo de Israel, fazendo chover forte sobre os inimigos, dificultando a luta para eles. Com a liderança de Débora e suas orações, Deus ouviu, e o povo de Israel venceu os inimigos. Foi um momento incrível que mostrou como Deus era poderoso e cuidava do Seu povo com muito amor!

DAQUI PRA FRENTE

Débora e Baraque fizeram parte de uma aventura emocionante com Deus! Eles enfrentaram muitos desafios juntos, assim como uma família faz no dia a dia. Débora era muito sábia, e Baraque era muito corajoso! Eles sempre se ajudavam, assim como os membros de uma família precisam se ajudar em casa. Por exemplo, quando alguém está triste, os outros membros da família podem dar abraços e dizer palavras gentis para animar ou quando alguém tem dificuldade em resolver um problema, como fazer a lição de casa, os outros podem oferecer ajuda e apoio. Débora e Baraque também sabiam que era importante pedir ajuda quando precisavam, assim como uma criança pede ajuda aos pais para resolver um quebra-cabeça difícil, eles pediam ajuda a Deus quando enfrentavam problemas.

Da mesma forma, em uma família, todos podem conversar e pedir auxílio a Deus quando surgem problemas ou quando precisam tomar decisões importantes. Então, lembre-se de que é importante trabalhar juntos e se apoiar como uma família. Vocês podem enfrentar os desafios juntos, aprender e crescer, tornando-se ainda mais fortes e unidos!

NÃO SE ESQUEÇA

A história de Débora e Baraque nos ensina que é importante trabalhar juntos, confiar em Deus e ajudar uns aos outros. Assim como eles enfrentaram desafios como uma equipe unida, nós também podemos superar dificuldades quando estamos juntos.

OPA!

ORAR

"Querido Deus, obrigado por sempre cuidar de nós e nos guiar com amor. Ajude-nos a lembrar de seguir Seus caminhos e a sermos corajosos como Débora. Dê-nos sabedoria para resolver nossos problemas e força para enfrentar nossos medos. Que possamos sempre confiar em Ti e trabalhar juntos como uma família unida. Amém."

PERGUNTAR

1. Quem era Débora e o que ela fazia pelo povo de Israel?
2. O que podemos aprender com Débora sobre como resolver os problemas e as brigas em nossa família?

AGIR

Cada membro da família escreve em um papel uma qualidade positiva de outro membro da família, sem mencionar quem é essa pessoa, por exemplo: "muito paciente", "muito forte", "engraçado", "corajoso", todos os papéis devem ser colocados em uma caixa. Cada pessoa pega um papel da caixa e lê em voz alta, tentando adivinhar de quem é a qualidade descrita, reconhecendo e valorizando as qualidades uns dos outros. Depois, todos juntos escolhem uma atividade ou problema para resolver em casa, como: arrumar um quarto ou preparar uma refeição, e cada pessoa deve usar sua força especial para ajudar na tarefa. Ao final, conversem sobre como cada um ajudou com sua qualidade e como foi importante trabalhar juntos, reforçando a importância de valorizar as diferenças e colaborar como uma equipe, assim como Débora e Baraque fizeram com o povo de Israel.

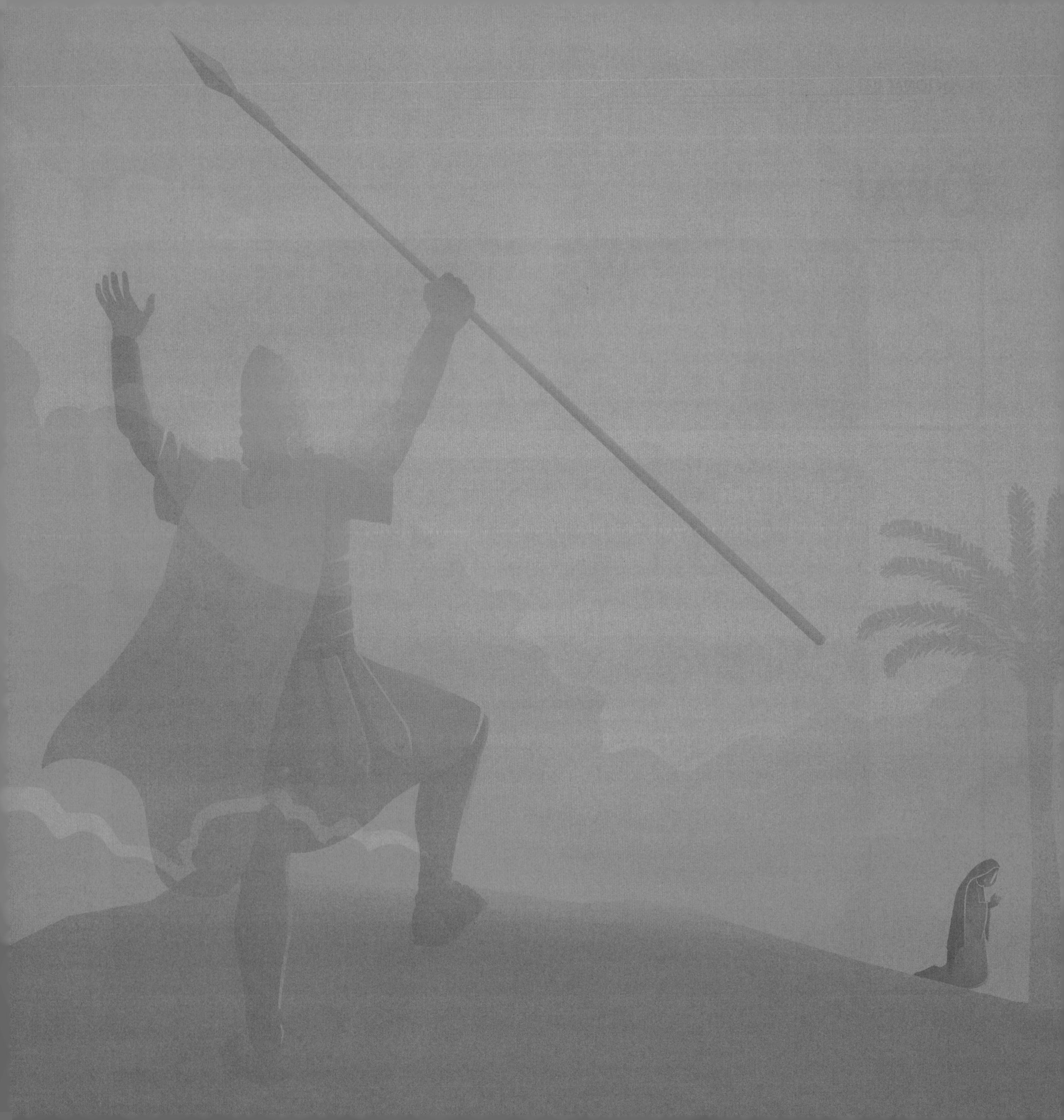

LIÇÃO

"É muito importante que a família trabalhe unida em todos os momentos da vida, especialmente diante dos desafios."

DEVOCIONAL 12

MAIS QUE HABILIDADES, UM CORAÇÃO OBEDIENTE!

JUÍZES 6:11-16

"Um dia, um anjo de Deus apareceu para Gideão enquanto ele estava debaixo de um carvalho em Ofra. Gideão estava batendo trigo escondido dos midianitas, dentro de um tanque de esmagar uvas, pois eles o estavam oprimindo. O anjo disse a Gideão: 'Deus está com você, valente guerreiro!' Gideão ficou surpreso e respondeu: 'Comigo? Mas se Deus está conosco, por que estamos nesta situação? Onde estão todas as maravilhas que nossos pais nos contaram sobre como Deus nos libertou do Egito? Parece que Deus nos abandonou aos midianitas.' Mas o anjo insistiu: 'Use a força que você tem. Deus vai usar você para libertar Israel da opressão dos midianitas. Ele está enviando você.'"

PARA COMEÇAR

Na vida em família, às vezes, enfrentamos desafios que parecem montanhas muito altas e difíceis de subir. Pode parecer que precisamos ser superfortes ou ter muitas habilidades para conseguir chegar lá em cima. Mas, na verdade, Deus não se preocupa tanto com nossas habilidades. O que Ele mais valoriza é a nossa vontade de confiar Nele e seguir as suas orientações. É isso que realmente importa para Deus!

DEVOCIONAL 12

POR DENTRO DA HISTÓRIA

Há muito tempo, o povo de Israel estava muito triste porque os midianitas os dominavam havia sete anos. Eles tinham que se esconder em cavernas e nas montanhas, pois os inimigos destruíam suas plantações sempre que colhiam. A vida estava muito difícil para os israelitas.

Mas um homem chamado Gideão conhecia histórias incríveis sobre como Deus havia ajudado Israel no Egito. Um dia, quando Gideão estava triste e sozinho, um anjo apareceu e disse que Deus estava com ele! Foi uma notícia maravilhosa saber que Deus estava ao seu lado. Gideão perguntou ao anjo: "Deus está comigo? Então, por que estamos assim? Estamos nos sentindo abandonados." Deus respondeu que usaria Gideão para libertar o povo dos midianitas e trazer a liberdade de volta.

Gideão achava que era muito pequeno e fraco para isso, mas Deus só precisava do seu "sim." Decidido a confiar em Deus com coragem, Gideão reuniu um pequeno exército. Deus pediu para reduzir ainda mais o número de soldados, até que sobraram apenas 300 homens. Com tochas escondidas e trombetas, eles foram de noite até o acampamento dos midianitas. Quando Gideão deu o sinal, os homens acenderam as tochas e tocaram as trombetas. Os midianitas ficaram confusos e começaram a lutar entre si! Assim, os inimigos foram derrotados, e Israel ficou livre novamente.

Gideão mostrou a todos a importância de confiar em Deus, mesmo nos momentos mais difíceis.

DEVOCIONAL 12

DAQUI PRA FRENTE

Às vezes, enfrentamos desafios como Gideão e nos sentimos incapazes de realizar coisas grandes. Mas saiba que Deus valoriza mais nossa vontade de tentar do que nossas habilidades. Gideão não era um soldado forte, mas confiou em Deus quando os midianitas dificultavam a vida do seu povo.

Mesmo se sentindo pequeno, ele disse "sim" quando Deus o chamou. Isso nos mostra que Deus valoriza nossa disposição e fé mais do que qualquer outra coisa. Assim como Gideão, podemos aprender a confiar em Deus nos momentos difíceis. Podemos encorajar uns aos outros a dizer "sim" ao que Deus nos pede, mesmo que pareça desafiador. Deus não espera que sejamos perfeitos; Ele quer que nossos corações estejam dispostos.

Neste dia, vamos refletir sobre como podemos ser como Gideão: confiantes na promessa de Deus, obedientes às Suas instruções e prontos para agir com coragem, mesmo quando nos sentimos fracos. Lembremos às nossas famílias que Deus está sempre conosco, nos guiando e nos dando forças. Ele pode fazer coisas incríveis por meio de nós, não porque somos superpoderosos, mas porque Ele é poderoso.

Que possamos confiar em Deus como Gideão fez, sabendo que Ele tem um plano maravilhoso para cada um de nós, mesmo quando as coisas parecem difíceis.

NÃO SE ESQUEÇA

Assim como as folhas caem no outono para dar lugar a novas folhas, a história de Gideão nos ensina que, mesmo quando nos sentimos pequenos diante dos desafios, Deus quer que confiemos Nele em vez de apenas nos preocuparmos em ser bons em algo. Ele vê como podemos crescer, assim como as árvores se renovam a cada estação. Vamos seguir o exemplo de Gideão, dizendo "sim" quando Deus nos chama, com coragem e fé, sabendo que Ele sempre está ao nosso lado!

DEVOCIONAL 12

OPA!

ORAR

"Querido Deus, obrigado por estar sempre conosco, nos dando forças para enfrentar os desafios da vida. Ajuda-nos a confiar em Ti, assim como Gideão confiou, mesmo quando as coisas parecem difíceis. Que possamos aprender a dizer "sim" ao Teu chamado, sabendo que o Senhor está conosco em cada passo do caminho. Amém."

PERGUNTAR

1. Por que Gideão se sentiu desanimado e oprimido pelos midianitas?
2. O que podemos fazer para fortalecer nossa disposição de confiar em Deus, mesmo quando nos sentimos pequenos ou fracos?

AGIR

Para fortalecer nossa disposição de confiar em Deus mais do que em nossas próprias habilidades, vamos criar um "quadro da coragem" em casa. Cada membro da família pode decorar um quadro com mensagens inspiradoras ou versículos da Bíblia que nos lembram da importância de confiar em Deus. Vamos colocar esse quadro em um lugar visível da casa e, sempre que nos sentirmos desanimados ou enfrentarmos um desafio, vamos olhar para ele e lembrar que Deus está conosco, nos dando forças para continuar.

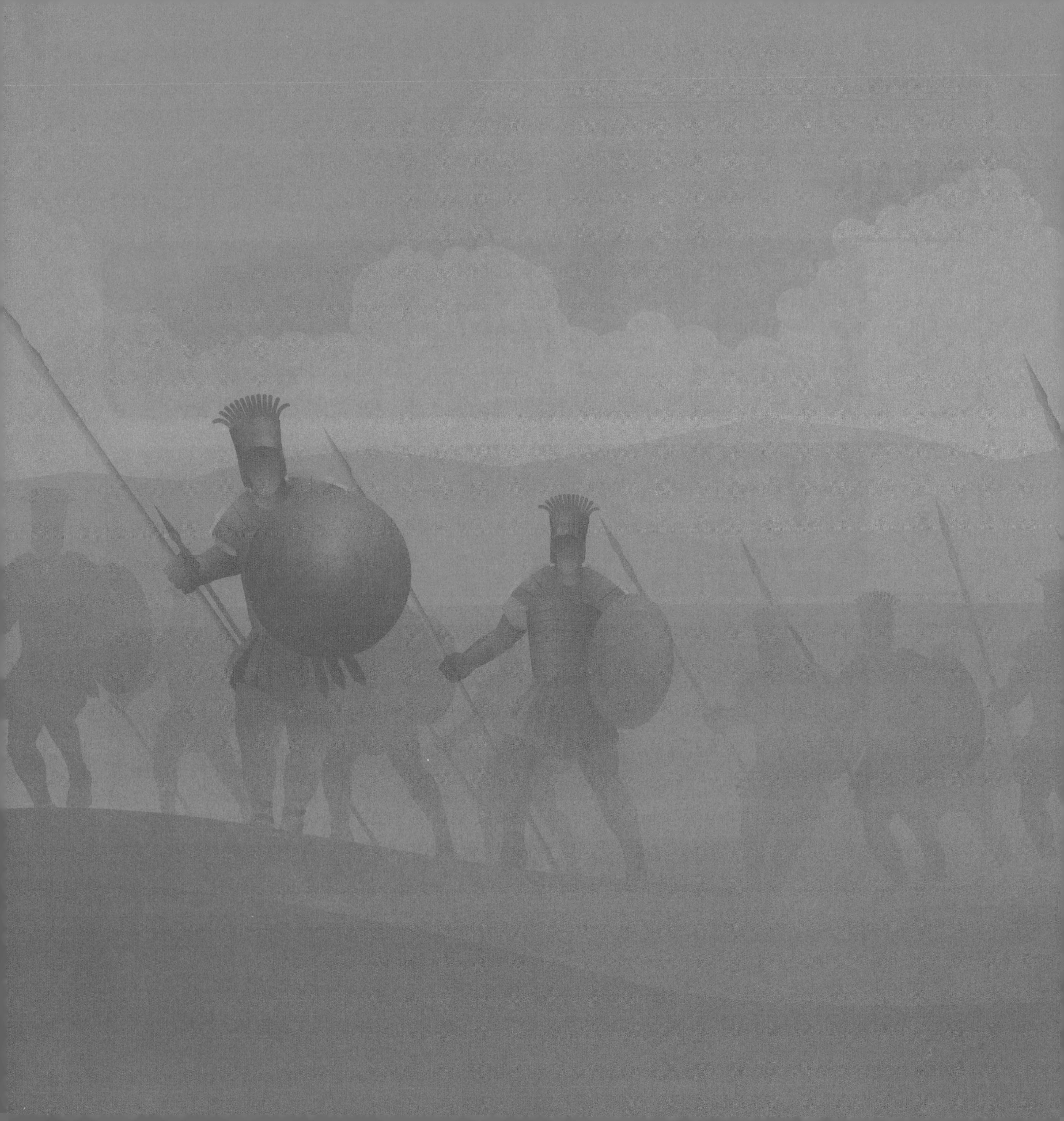

LIÇÃO

"Deus valoriza mais a nossa obediência do que as nossas habilidades."

UMA FORÇA IMPRESSIONANTE!

JUÍZES 16:18-20

"Dalila finalmente descobriu o segredo de Sansão e mandou chamar os líderes dos filisteus: 'Venham logo! Ele me contou tudo.' Eles vieram depressa e trouxeram o dinheiro prometido. Depois que Sansão adormeceu com a cabeça no colo dela, Dalila fez um sinal para um homem que cortou as sete tranças do cabelo dele. Sansão imediatamente começou a perder suas forças e ficou fraco. Então Dalila avisou: 'Sansão, os filisteus estão chegando!' Ele acordou, pensando: 'Vou escapar como sempre fiz', sem perceber que o Senhor o tinha abandonado."

PARA COMEÇAR

Sabe aquele jogo do telefone sem fio, no qual uma mensagem passa de uma pessoa para outra e pode ficar diferente no final? Na nossa vida em família também ouvimos muitas vozes e opiniões. Mas é importante saber ouvir a voz certa. Assim como no jogo, às vezes, as vozes podem nos confundir. Por isso, precisamos estar sempre conectados à voz de Deus. Ele nos guia como um GPS, nos ajudando a fazer boas escolhas e a nos entendermos melhor. Vamos descobrir como isso pode nos fortalecer e nos unir como família!

DEVOCIONAL 13

POR DENTRO DA HISTÓRIA

Há muito tempo, o povo de Deus era escravo dos filisteus, que eram inimigos muito cruéis para Israel. Mas Deus fez um milagre: Sansão nasceu de um jeito especial, pois sua mãe não podia ter filhos. Um anjo anunciou que ele seria um nazireu, dedicado totalmente a Deus, e uma das regras era que ele nunca cortasse o cabelo, simbolizando sua promessa ao Senhor. Quando Sansão cresceu, Deus lhe deu uma força incrível, ainda maior que a do Hulk! Ele usava essa força para proteger o povo de Deus dos filisteus.

Um dia, Sansão conheceu Dalila, uma filisteia, e, mesmo sabendo que ela era inimiga, revelou a ela seu segredo: se cortassem seu cabelo, ele perderia sua força. Infelizmente, os filisteus descobriram o segredo, cortaram suas tranças e Sansão perdeu sua força. Ele aprendeu tarde demais que confiar apenas em sua própria força o afastou de Deus.

Após a morte de Sansão, os filisteus continuaram perturbando o povo de Deus. Então, Deus chamou um menino chamado Samuel para ser Seu porta-voz e ensinar o povo. Deus não chama apenas adultos; Ele também chamou Samuel quando ele ainda era criança. A mãe de Samuel, Ana, que também não podia ter filhos, orou fervorosamente a Deus, e, quando Deus respondeu, Ana dedicou seu filho a Ele. Samuel foi morar no templo com o sacerdote Eli, onde aprendeu sobre Deus e a importância da obediência.

Sansão e Samuel foram escolhidos por Deus para cumprir propósitos importantes, mas de maneiras diferentes. Sansão usou sua força física para lutar contra os filisteus, enquanto Samuel usou suas orações para trazer paz. Embora Samuel não tivesse a força física de Sansão, sua verdadeira força estava na oração e na obediência a Deus. Enquanto Sansão, que parecia uma árvore majestosa por fora, acabou fazendo coisas que desagradam a Deus, Samuel, que parecia mais simples, mostrou que a verdadeira força está em ser obediente e orar.

Assim, Samuel trouxe grandes bênçãos e proteção para o povo de Deus, mostrando que viver com um coração obediente é o mais importante.

DEVOCIONAL 13

DAQUI PRA FRENTE

Na vida em família, muitas vezes enfrentamos desafios parecidos com o jogo do telefone sem fio, onde a mensagem pode se perder ou se distorcer. Da mesma forma que precisamos ouvir com atenção para entender corretamente no jogo, na vida real também devemos aprender com histórias bíblicas como as de Sansão e Samuel.

Sansão era muito forte, mas confiou demais em si mesmo e perdeu sua força quando contou seu segredo para a pessoa errada. Isso é como quando tentamos resolver problemas sozinhos, sem pedir ajuda a Deus, e acabamos frustrados. Por outro lado, Samuel aprendeu desde pequeno a ouvir a voz de Deus e a seguir Seus conselhos. Isso é como quando ouvimos os conselhos dos nossos pais ou buscamos ajuda de Deus em momentos difíceis.

Samuel mostrou que a oração e a obediência a Deus podem nos ajudar a superar problemas, como pedir a Deus para nos ajudar a ser gentis quando estamos com raiva ou a perdoar alguém que fez algo errado. Assim como no telefone sem fio, precisamos focar na mensagem certa, devemos aprender com Sansão a não confiar apenas em nós mesmos, mas a confiar em Deus. E com Samuel, aprendemos que sempre devemos ouvir a Deus e seguir Seus conselhos, como pedir ajuda para resolver um problema ou dizer a verdade quando erramos. Isso nos ajuda a crescer mais fortes em família e a seguir o caminho certo.

NÃO SE ESQUEÇA

Na nossa família, é como no jogo do telefone sem fio: precisamos ouvir bem para entender as mensagens corretamente. A verdadeira força não está apenas em nossas habilidades, mas em confiar em Deus. Quando aprendemos a conversar com Deus e a seguir Seus conselhos, nossa família se torna mais forte e feliz, porque estamos sempre trilhando o caminho que Deus preparou para nós.

DEVOCIONAL 13

OPA!

ORAR

"Querido Deus, obrigado por nos mostrar, pelas histórias da Bíblia, como devemos agir para te agradar. Ajuda-nos a confiar em Ti como Samuel fazia e a não confiar só na nossa própria força como Sansão. Ensina-nos a ouvir a Sua voz e a seguir Seus ensinamentos. Amém."

PERGUNTAR

1. O que podemos aprender sobre confiança em Deus com as histórias de Sansão e Samuel?
2. Como podemos aplicar a ideia de ouvir a voz de Deus em nossa rotina?

AGIR

Para tornar o jogo do telefone sem fio divertido em família, vocês podem começar sentando todos em círculo. O primeiro participante sussurra uma frase curta para o próximo, que repete para o próximo, e assim por diante até chegar ao último do círculo. Então, o último diz em voz alta o que entendeu. Compare a frase final com a original para ver como a mensagem mudou ao longo do caminho. É uma maneira divertida de mostrar como é importante ouvir atentamente e transmitir informações com clareza, como aprendemos com as histórias de Sansão e Samuel sobre ouvir a voz de Deus com cuidado.

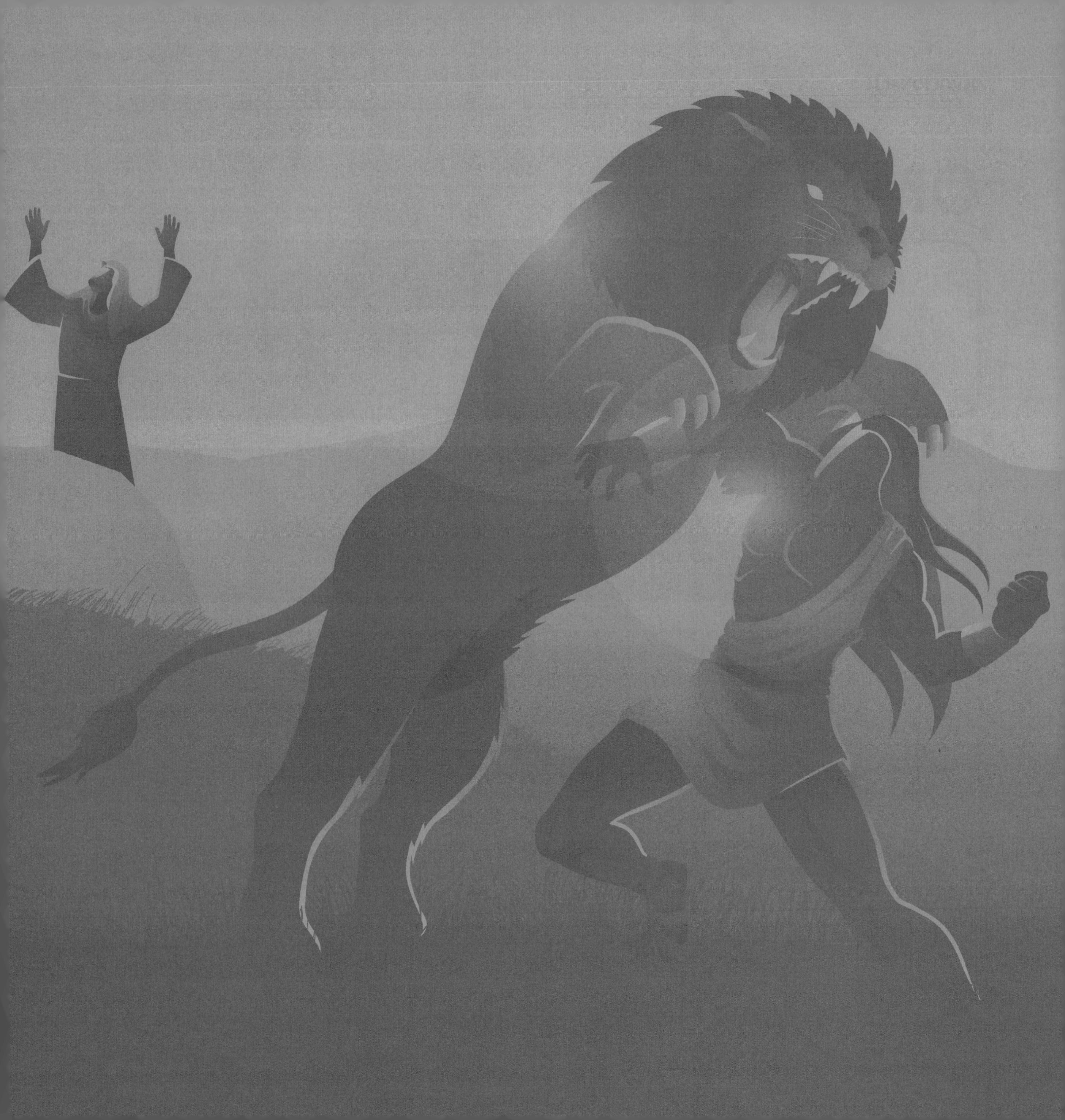

LIÇÃO

"Não devemos confiar em nossa própria força, mas sim aprender a confiar completamente em Deus!"

DEVOCIONAL 14

UM PEDIDO EQUIVOCADO!

1 SAMUEL 8:4-9

"Os líderes de Israel se reuniram e foram falar com Samuel: 'Você já está ficando velhinho, e seus filhos não são muito corretos. Queremos que faça algo por nós: escolha um rei para nos governar, como fazem os outros povos.' Quando eles pediram um rei para ser o chefe deles, Samuel ficou triste e orou ao Senhor. Então, o Senhor respondeu: 'Tudo bem, Samuel. Faça o que eles estão pedindo. Eles não estão rejeitando você; estão me rejeitando como o Rei deles. Desde que os tirei do Egito até hoje, eles sempre fizeram isso, me abandonando para adorar outros deuses. Agora estão fazendo isso com você. Então, deixe que tenham um rei, mas avise-os sobre o que vai acontecer. Mostre como um rei governa e como eles serão tratados.'"

PARA COMEÇAR

Você já se perguntou por que nem sempre sabemos o que é melhor para nós? Às vezes, a gente pede coisas que podem não ser as melhores porque não entendemos tudo direito. É como quando chutamos a bola sem olhar direitinho onde ela vai parar. Às vezes, fazemos as coisas sem pensar bem nelas. Mas sabia que tem alguém que pode nos ajudar a escolher o caminho certo? Alguém que sempre esteve aqui e sempre estará conosco! Vamos descobrir juntos!

POR DENTRO DA HISTÓRIA

Ser um juiz ou um profeta era uma grande honra, mas nem sempre era fácil. Nas histórias que vamos aprender, você verá como esse trabalho era importante para o povo de Deus. Às vezes, as pessoas não queriam ouvir o que os juízes e profetas diziam, apenas o que queriam ouvir para seguir seus próprios desejos. Mas o trabalho deles era guiar o povo para viver de um jeito que agradasse a Deus.

Samuel era um profeta muito especial e, quando estava ficando velho, o povo de Israel pediu para ter um rei, além de Deus. Eles viam que outras nações tinham reis com coroas e roupas bonitas e queriam um rei assim também. Mas, olhando para o passado, vemos que ter um rei humano trouxe muitos problemas que Deus não queria.

Então, o povo escolheu Saul para ser o primeiro rei de Israel. No começo, o reinado de Saul foi bom, mas depois ele começou a desobedecer a Deus. Em uma guerra, Deus disse para Saul destruir tudo o que pertencia aos inimigos, porém ele não obedeceu e pegou coisas que não devia. Por causa dessa desobediência, Deus rejeitou Saul como rei de Israel. Mas a história ainda não acabou! Deus tinha planos para um novo rei, alguém que Ele mesmo escolheria.

DAQUI PRA FRENTE

Sabe aquele suporte que os juízes de futebol usam para revisar se uma jogada foi correta? É o VAR! (Árbitro Assistente de Vídeo). Ele ajuda a tomar decisões justas. Na nossa vida em família, Deus é como o "VAR". Ele nos ajuda a escolher o caminho certo. Quando pedimos a Ele conselhos antes de tomar uma decisão, é como usar o VAR da nossa vida!

Por exemplo, se queremos muito um brinquedo novo, podemos conversar com Deus sobre isso. Ele nos ajuda a entender se é o momento certo para ganhar esse presente. Quando obedecemos aos nossos pais e cuidamos uns dos outros com amor, estamos seguindo as regras que Deus nos ensina na Bíblia.

Às vezes, ignoramos o conselho de Deus e fazemos pedidos que não são bons, o que pode levar a dias difíceis, como brigas e tristezas, porque nossa visão é limitada. Mas quando confiamos em Deus e seguimos Seus conselhos, Ele nos mostra o caminho certo e nos protege.

NÃO SE ESQUEÇA

Precisamos desejar sempre seguir o caminho que Deus tem para nós! Ele nos ama muito e sabe o que é melhor, mesmo quando não entendemos tudo. Quando confiamos em Deus e seguimos o que Ele ensina na Bíblia, nossa vida fica mais feliz e completa!

DEVOCIONAL 14

OPA!

ORAR

"Querido Deus, obrigado por nos guiar todos os dias. Ajuda a nossa família a confiar em Ti em todas as nossas escolhas. Que cada dia seja uma chance de aprender mais sobre o Teu amor e sobre a Tua vontade. Amém."

PERGUNTAR

1. Você se lembra por que o povo de Israel queria um rei humano?
2. O que podemos fazer em nossa família para ouvir melhor a voz de Deus em nossas decisões no dia a dia?

AGIR

Vamos brincar de "VAR da vida" em família! Cada vez que tivermos que tomar uma decisão juntos, que pode ser: escolher o que assistir na TV ou resolver um problema, parem e façam uma pequena oração juntos, perguntando a Deus o que Ele acha que devem fazer. Podemos até fazer um gesto divertido, como levantar a mãozinha, como se estivéssemos usando o VAR no futebol, para lembrar de que estamos pedindo a orientação de Deus. Isso vai nos ajudar a lembrar de confiar em Deus em todas as coisas que fizermos juntos como família!

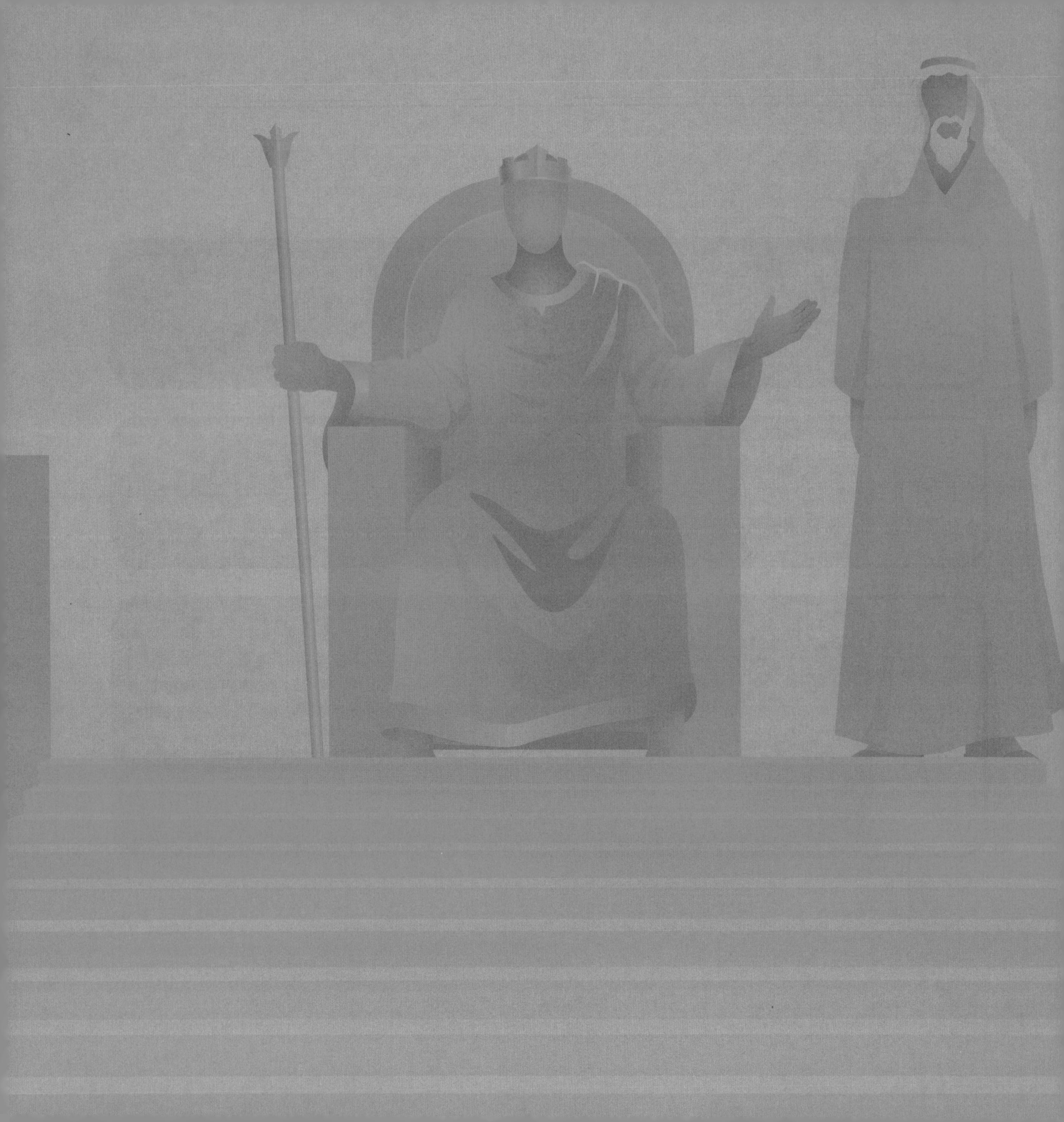

LIÇÃO

"Quando somos guiados pela Palavra de Deus, temos a certeza de que estamos seguindo a melhor direção."

DEVOCIONAL 15

COM OS ÓCULOS CERTOS!

1 SAMUEL 17:44-47

Um grandão dos Filisteus gritou bem alto: "Vem cá! Vou te pegar e deixar os passarinhos comerem você!". Davi respondeu corajosamente: "Você está usando espada, lança e dardos, mas eu estou aqui em nome do Senhor dos Anjos, o Deus de Israel, a quem você está desafiando e xingando. Hoje mesmo Deus vai te entregar para mim. Vou te derrotar, cortar sua cabeça e dar seu corpo e dos seus amigos Filisteus para os passarinhos e animais comerem. Todo mundo vai ver que o nosso Deus é o mais poderoso! Ele salva sem precisar de espadas ou lanças. Ele vai nos ajudar e dar a vitória!".

PARA COMEÇAR

Você já reparou como é fácil julgar alguém só pela aparência? Às vezes, pensamos que alguém é especial só porque é bonito, forte ou popular. Mas será que isso sempre nos mostra quem a pessoa realmente é por dentro? Na história de hoje vamos perceber que o nosso coração pode ser muito enganoso e que precisaremos sempre da ajuda de Deus!

POR DENTRO DA HISTÓRIA

Saul foi escolhido para ser o primeiro rei de Israel. As pessoas gostaram muito dele porque ele parecia um verdadeiro rei, como os de outros lugares. Ele era alto, bonito e um ótimo guerreiro. Mas Deus não queria um rei naquele momento; Ele permitiu isso só para ensinar uma lição importante.

Quando Deus deu uma tarefa para Saul, ele não obedeceu direito. Samuel se preocupava com ele, mas Saul não aprendia com seus erros. Deus já tinha planos para um novo rei. Mesmo ficando velhinho, Samuel se perguntava: "Quem será o novo rei? O mais forte? O mais alto? Um dos filhos fortes de Jessé?". Mas Deus não olha só para a aparência; Ele escolhe quem tem um bom coração.

Então, Samuel foi até a casa de Jessé e chamou Davi, o filho mais novo e pastor de ovelhas. De surpresa, Samuel ungiu Davi como o próximo rei de Israel. O Espírito Santo desceu sobre Davi, mas ele não se tornou rei imediatamente. Ele continuou a cuidar das ovelhas.

Um dia, os Filisteus estavam atacando o povo de Deus. Havia uma guerra, e um gigante chamado Golias desafiava os hebreus para uma luta. Ele era enorme e zombava do Deus de Israel. Davi, mesmo sendo o menor da família e trazendo comida para seus irmãos na guerra, decidiu enfrentar Golias. Ele não usou a armadura de Saul, mas pegou seu estilingue e cinco pedrinhas do riacho. Com coragem, Davi enfrentou o gigante. Mesmo com Golias rindo dele, Davi confiava em Deus. Ele girou o estilingue, acertou Golias na testa, e o gigante caiu. O povo de Deus venceu! Depois disso, Davi ficou famoso, e as pessoas diziam: "Saul matou milhares, mas Davi matou dezenas de milhares".

DAQUI PRA FRENTE

Na história de Saul e Davi, aprendemos algo muito importante: não devemos olhar só para a aparência das pessoas, mas sim para o que está no coração delas. Saul parecia um rei perfeito por fora, porém Davi, mesmo sendo mais novo e cuidando das ovelhas, mostrou que o que realmente importa é o que fazemos e como tratamos os outros.

Na nossa família e com nossos amigos, vamos nos lembrar de valorizar o que as pessoas fazem de bom. Em vez de prestar atenção só em como alguém se veste ou no que tem, olhe para as coisas legais que ela faz e como é gentil com os outros.

Quando você vê um amigo ajudando alguém ou fazendo algo legal, isso é o que realmente importa. Em casa, vamos elogiar e valorizar as boas ações e a maneira como as pessoas se comportam, em vez de se preocupar só com as coisas que não são tão importantes.

Então, vamos usar nossos "óculos certos" para ver o melhor nas pessoas ao nosso redor. Assim, a gente pode fazer amigos mais legais e deixar nossa família ainda mais feliz, vendo o que realmente conta: o coração e as boas ações!

NÃO SE ESQUEÇA

Assim como vimos na história de Saul e Davi, não devemos julgar as pessoas só pelo que vemos por fora. Vamos lembrar de olhar para os outros com o coração, assim como Deus faz, e prestar atenção no que realmente importa. Assim, aprenderemos a fazer escolhas que agradam a Deus e a cuidar das pessoas com amor e respeito, em tudo o que fazemos.

DEVOCIONAL 15

OPA!

ORAR

"Querido Deus, obrigado por nos mostrar que o que importa é o que está no coração das pessoas, e não apenas a aparência. Ajuda-nos a ver os outros com amor e a valorizar o que eles fazem de bom. Ensina-nos a fazer escolhas que Te agradam e a tratar todos com carinho e respeito. Amém."

PERGUNTAR

1. Por que Deus escolheu Davi, o filho mais novo e pastor de ovelhas, para ser o próximo rei de Israel, em vez dos filhos mais velhos e aparentemente mais qualificados de Jessé?
2. Como podemos aprender a ver as pessoas como Deus as vê, olhando além do que elas parecem por fora, em nossas brincadeiras e atividades em família?

AGIR

Vamos brincar de descobrir o que está escrito nos cartões usando mímica! Cada um de nós vai receber um cartão especial que representa uma qualidade importante, como coragem, gentileza ou amizade. O desafio é que, ao mostrar o cartão, você não deve dizer o que está escrito nele. Em vez disso, você usará mímica para representar a qualidade que o cartão mostra. Os outros participantes terão que adivinhar qual qualidade está sendo representada apenas observando a mímica. Vai ser muito divertido e nos ajudará a lembrar que, assim como os cartões revelam algo especial, devemos valorizar o que está no coração das pessoas, e não apenas a aparência delas!

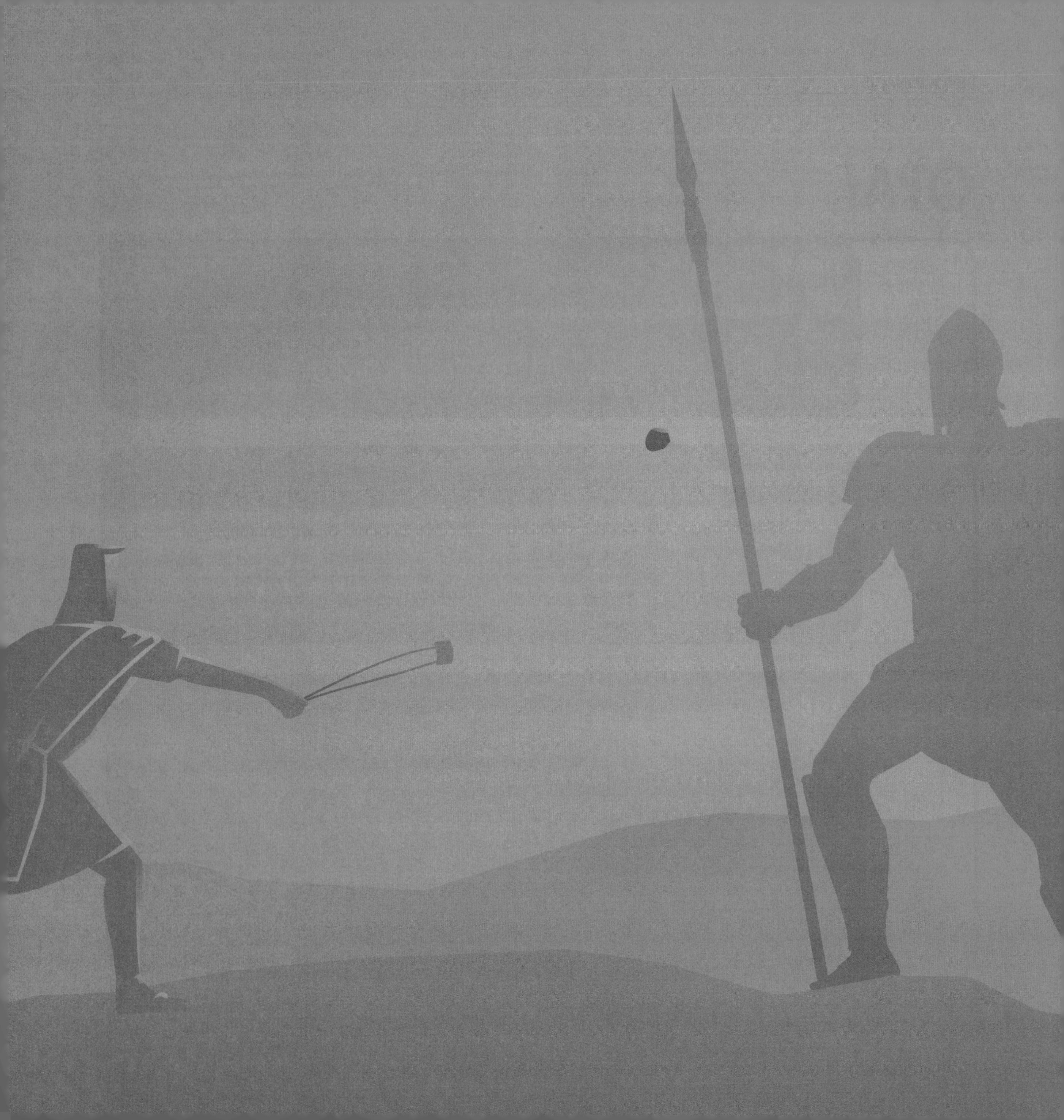

LIÇÃO

"As pessoas são muito mais do que aparentam ser; por isso, olhar apenas o que vemos por fora não é o melhor caminho para entender seu verdadeiro valor."

DEVOCIONAL 16

NÃO DESISTA, APENAS DESCANSE!

2 SAMUEL 21:15-17

"Teve uma outra guerra entre os filisteus e os israelitas. Davi e seus amigos soldados foram lutar. Davi ficou muito cansado. Isbi-Benobe, um guerreiro descendente de Rafa, disse que ia matar Davi. Ele tinha uma lança muito pesada e usava uma armadura nova. Mas Abisai, filho de Zeruia, ajudou Davi e derrotou o filisteu. Depois disso, os amigos de Davi fizeram um combinado: 'O senhor não vai mais lutar conosco, para que a luz de Israel não se apague!'"

PARA COMEÇAR

Você já notou que todos os dias enfrentamos pequenos ou grandes desafios, como aprender algo novo na escola ou lidar com situações que nos deixam um pouco preocupados em casa? Às vezes, esses desafios podem nos deixar cansados ou até desanimados. Mas sabem o que é incrível? Podemos aprender a nos preparar bem para essas situações!

DEVOCIONAL 16

POR DENTRO DA HISTÓRIA

Um dia, Davi, que já era rei de Israel, e seus soldados foram para uma guerra importante contra os filisteus, o temível inimigo que tanto machucava o povo de Israel. Nessa guerra, Davi já estava mais velhinho do que quando venceu o gigante Golias. Ele estava cansado dessa vez, e isso podia ser perigoso, porque o inimigo queria machucá-lo a ponto de matá-lo.

O guerreiro dos filisteus, Isbi-Benobe, disse que ia matar Davi. Ele estava muito bem armado com uma lança pesada e uma armadura nova, pronto para atacar. Mas Abisai, um dos amigos mais valentes de Davi, viu o perigo e correu para ajudá-lo.

Com coragem, Abisai lutou bravamente e derrotou o guerreiro filisteu, protegendo, assim, seu rei querido. Depois dessa batalha emocionante, os soldados de Davi perceberam que ele não podia mais arriscar sua vida em combates. Eles fizeram um acordo entre si para proteger Davi, pois ele era como uma luz brilhante para todo Israel. Queriam assegurar que essa luz continuasse a iluminar o caminho do povo de Deus, já que ele era o rei de Israel.

DAQUI PRA FRENTE

Na nossa vida, às vezes, enfrentamos desafios que parecem muito difíceis, como mudar de turma na escola ou lidar com outras situações que nos deixam cansados. Esses desafios podem parecer enormes, como se precisássemos de uma armadura especial e da ajuda de Deus para não desistir.

Davi enfrentou muitas batalhas também. Às vezes, ele lutava sozinho como fez com Golias, e em outras seus amigos estavam com ele. Isso nos ensina que precisamos de amigos para nos ajudar quando estamos cansados e para nos encorajar quando as coisas ficam difíceis. Não precisamos enfrentar tudo sozinhos; pedir ajuda e ter amigos por perto é uma coisa boa. Isso não significa que somos fracos, mas que somos fortes o suficiente para reconhecer quando precisamos de apoio.

Ao enfrentar desafios, lembre-se de que Deus está sempre conosco, nos dando forças e cuidando de nós. Vamos estar preparados e contar com a ajuda dos nossos amigos. Assim, podemos vencer qualquer desafio sabendo que nunca estamos sozinhos.

NÃO SE ESQUEÇA

Que aventura incrível tivemos hoje! Aprendemos que, assim como Davi enfrentou um gigante com coragem e a ajuda de seus amigos, nós também podemos enfrentar nossos desafios com coragem e sabedoria. Lembre-se: não precisamos enfrentar tudo sozinhos! Podemos contar com o cuidado de Deus e com o apoio dos nossos amigos e familiares. Vamos continuar crescendo na nossa fé, sabendo que, mesmo nos momentos difíceis, Deus está sempre conosco, nos dando forças e nos guiando. Vamos seguir juntos, lembrando que cada desafio nos torna mais fortes e nos ensina coisas importantes para a vida.

DEVOCIONAL 16

OPA!

ORAR

"Querido Deus, obrigado por nos ensinar por meio das histórias da Bíblia. Hoje aprendemos sobre como Davi enfrentou desafios grandes, mas sempre confiou em Ti e contou com seus amigos. Ajuda-nos, assim como Davi, a sermos corajosos e sábios ao enfrentarmos os desafios da vida. Ensina-nos a pedir ajuda quando precisarmos e a cuidar uns dos outros, como Davi cuidou de seus amigos. Sabemos que sempre podes estar conosco em todos os momentos. Amém."

PERGUNTAR

1. Como Davi estava se sentindo quando viu Isbi-Benobe?
2. Por que é tão importante contar com a ajuda dos amigos e confiar em Deus?

AGIR

Que tal um momento especial em família para criar uma cabana aconchegante na sala? Você pode juntar alguns lençóis, almofadas e luzinhas para montar a cabana. Enquanto estiverem juntos na cabana, podem compartilhar o que aprenderam no devocional sobre descansar no cuidado de Deus e contar uns com os outros nas dificuldades da vida. Podem ler novamente a história de Davi e conversar sobre como ele confiou em Deus e recebeu ajuda dos amigos. Durante esse tempo, também podem preparar um lanche gostoso. Essa cabana especial será um lembrete de como é importante descansar juntos e confiar em Deus em todos os momentos.

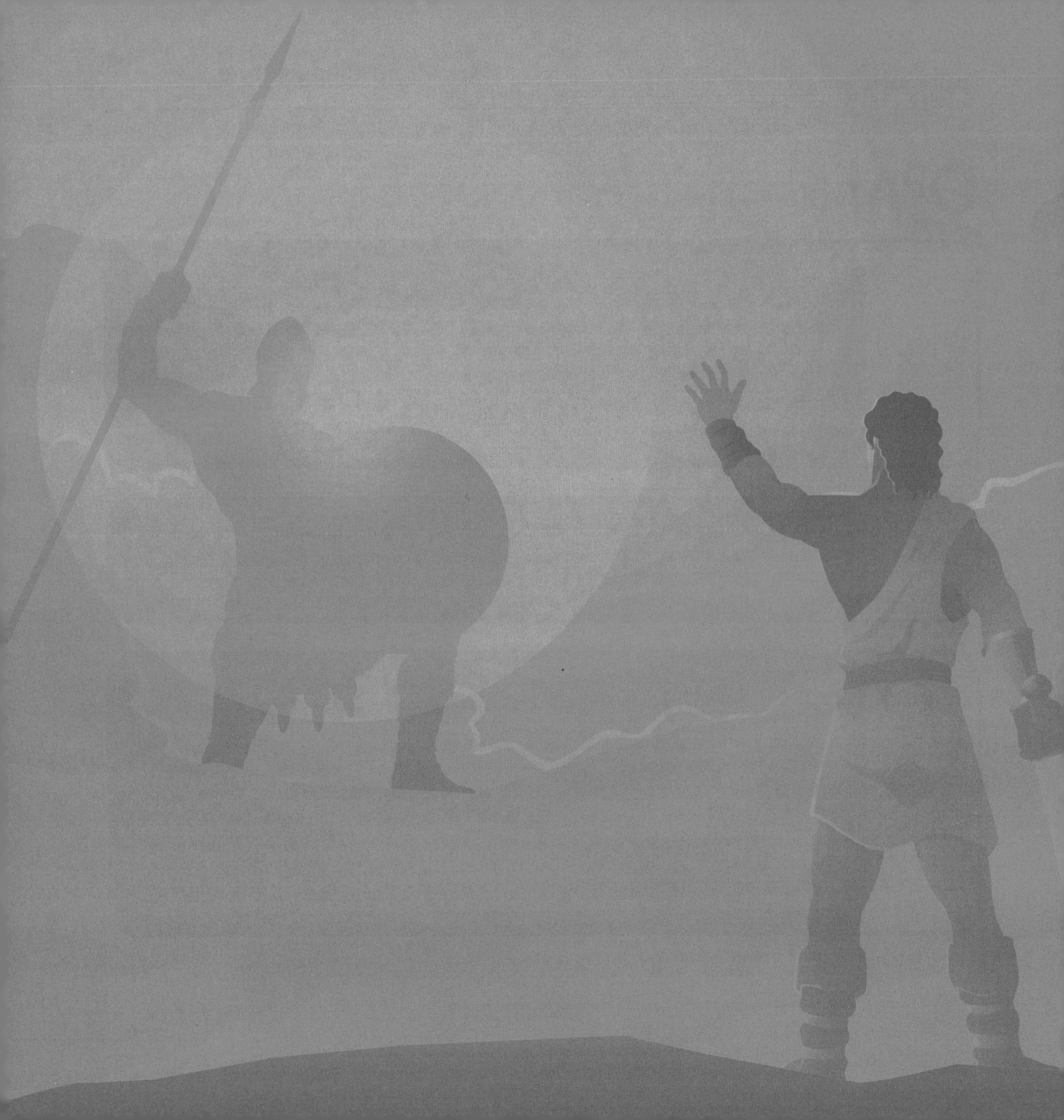

LIÇÃO

"Pedir ajuda e ter amigos por perto não é sinal de fraqueza; é a verdadeira força de reconhecer que todos precisamos de apoio em nossa jornada."

AS DIFERENÇAS NÃO PODEM NOS SEPARAR!

1 REIS 12:12-14

"Três dias depois, Jeroboão e o povo voltaram, como Roboão havia pedido: 'Por favor, me deem três dias para pensar e depois voltem', disse o rei. A resposta dele foi breve e direta. Ele não aceitou o conselho dos oficiais mais velhos e experientes. Em vez disso, preferiu ouvir os conselhos dos seus amigos mais jovens: 'Se vocês achavam que a vida no reinado do meu pai era difícil, esperem para ver. Ele usou chicotes para castigá-los, mas eu vou usar correntes!'"

PARA COMEÇAR

Você já reparou como, às vezes, podemos ter ideias diferentes uns dos outros? Por exemplo, imagine que você está decidindo o que fazer no fim de semana: alguém quer ir ao parque, outro quer assistir a um filme e talvez alguém queira ficar em casa brincando. São ideias diferentes, não é mesmo? Mas sabe o que é incrível? Mesmo com ideias diferentes, podemos encontrar maneiras de nos unirmos e tomar decisões que nos deixem felizes juntos.

DEVOCIONAL 17

POR DENTRO DA HISTÓRIA

Há muito tempo, o povo de Israel teve grandes reis, como Davi e seu filho Salomão. Salomão era um rei muito sábio, conhecido por sua sabedoria que vinha de Deus. Um dia, duas mulheres vieram até ele, cada uma dizendo que era a mãe de um bebê. Para resolver o problema, Salomão teve uma ideia. Ele sugeriu cortar o bebê ao meio, dando uma metade para cada mulher. A verdadeira mãe, que amava muito o bebê, preferiu deixar que a outra mulher ficasse com ele inteiro, em vez de vê-lo dividido. Salomão então soube quem era a verdadeira mãe e todos ficaram maravilhados com sua sabedoria.

Depois que Salomão morreu, seu filho Roboão tornou-se rei. No começo, Roboão tomou uma decisão errada. Ele não ouviu os conselhos dos adultos, que sugeriram ser gentil e justo com o povo. Em vez disso, ele seguiu o conselho dos jovens, que queriam que ele fosse mais rigoroso e aumentasse os impostos. Isso deixou o povo muito insatisfeito. Por causa disso, dez tribos do norte se separaram e formaram um novo reino chamado Israel, com Samaria como sua capital. As tribos restantes no sul continuaram com Roboão, formando o reino de Judá, com Jerusalém como capital.

Jeroboão, um antigo servo de Salomão, se tornou o líder do reino do norte. Infelizmente, ele fez algumas escolhas erradas e fez dois bezerros de ouro para o povo adorar em vez de Deus. Ele disse que esses bezerros eram os deuses que haviam tirado o povo do Egito. Isso deixou Deus muito triste, porque Ele havia mandado que o povo adorasse somente a Ele. Jeroboão fez outras coisas erradas durante seu reinado, e o reino do norte se afastou ainda mais de Deus.

DAQUI PRA FRENTE

Aprendemos com a história de Israel que é muito importante estarmos juntos e resolver nossos problemas em grupo. Quando as tribos de Israel se dividiram em dois reinos, elas ficaram mais fracas, como se perdessem a força e a proteção que tinham quando estavam unidas. Isso nos mostra que, em nossas famílias e com nossos amigos, ficar unido nos torna mais fortes para enfrentar as dificuldades. Deus gosta muito quando vivemos em paz e juntos, porque Ele nos ensina que a união é essencial.

Sempre que enfrentamos problemas, é bom pedir a Deus para nos ajudar a fazer as melhores escolhas. Quando seguimos os ensinamentos da Bíblia, aprendemos a resolver as coisas com amor e perdão, e não deixamos que as diferenças nos separem.

Assim como Deus deseja que Seu povo viva unido e em paz, Ele nos dá força quando buscamos viver dessa forma. Portanto, vamos escolher sempre o caminho da união e do amor em nossas famílias, igrejas e amizades. Isso não só agrada a Deus, mas também nos ajuda a construir relacionamentos fortes e a crescer juntos na fé.

NÃO SE ESQUEÇA

Quando trabalhamos em equipe e ajudamos uns aos outros, somos mais fortes e conseguimos enfrentar os desafios melhor. Deus gosta quando vivemos em paz e unidos, e Ele nos ajuda quando pedimos. Vamos sempre escolher estar juntos e mostrar amor em nossas famílias e com os amigos, porque isso nos faz mais felizes e Deus fica feliz também!

DEVOCIONAL 17

OPA!

ORAR

"Querido Deus, obrigado por nos ensinar sobre a importância de ficarmos unidos e resolvermos problemas juntos. Ajuda-nos a escolher sempre o caminho da paz e do amor em nossa família e com nossos amigos. Que possamos buscar a Tua ajuda em tudo que fazemos. Amém."

PERGUNTAR

1. Por que o povo de Israel se dividiu em dois reinos, o reino do norte e o reino do sul?
2. Como podemos resolver nossos problemas em família e na escola de maneira que a briga e a separação não sejam uma solução?

AGIR

Vamos fazer um mapa juntos! Pegue papel e canetas coloridas. Desenhe o mapa de Israel e, juntos, identifiquem onde ficavam o reino do norte e o reino do sul. Discutam os motivos que levaram à divisão dos reinos e como isso afetou o povo. Essa atividade nos ajudará a lembrar como a união é importante e como podemos resolver problemas juntos!

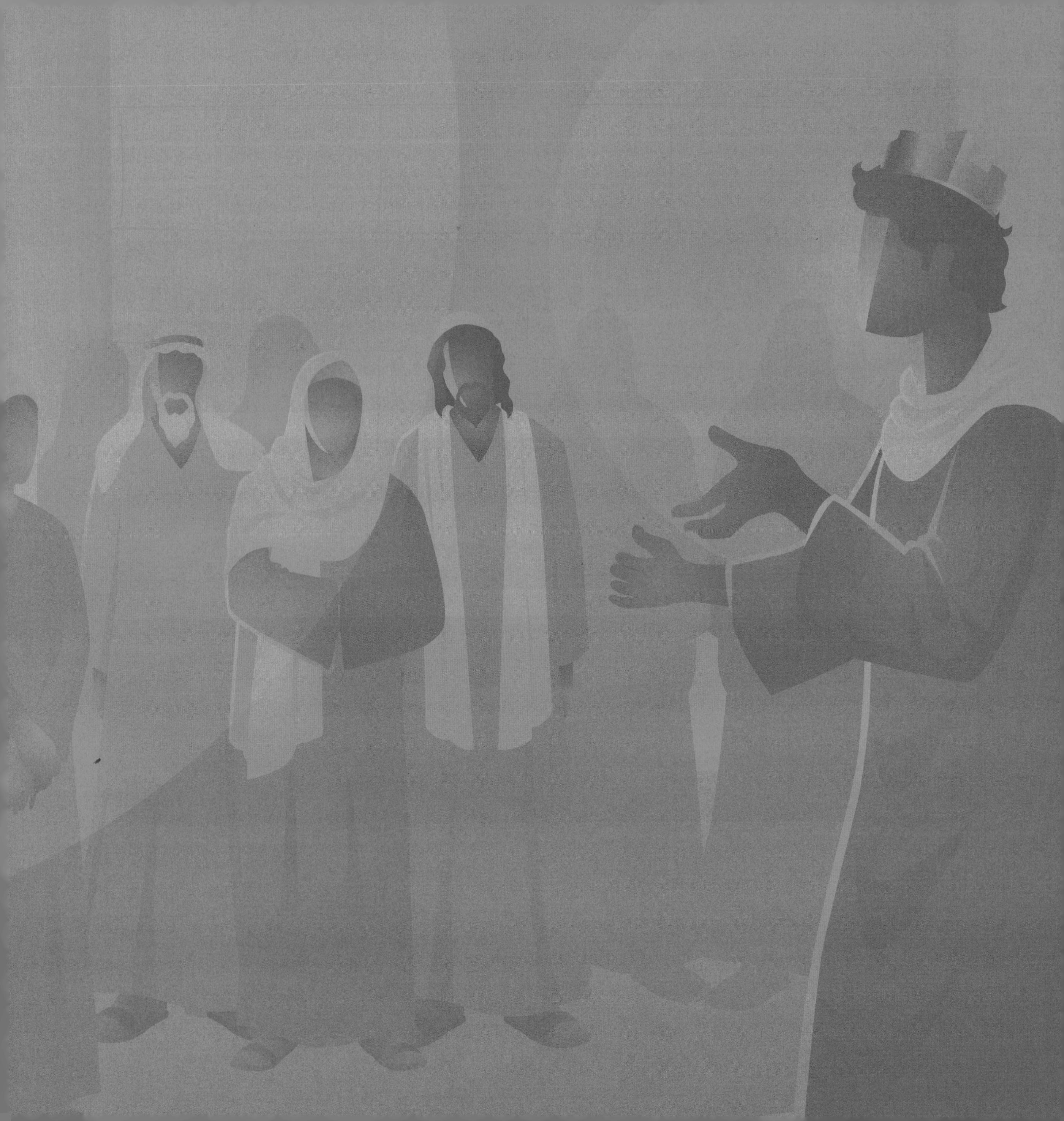

LIÇÃO

"Seguir os ensinamentos da Palavra de Deus nos ajuda a resolver conflitos com amor e perdão, promovendo a união ao invés de deixar que as diferenças nos afastem."

DEVOCIONAL 18

FAÇA O QUE É CERTO!

2 CRÔNICAS 35:1-2

"Josias tinha 8 anos quando começou a ser rei e reinou por 31 anos em Jerusalém. Ele sempre fez o que era certo aos olhos de Deus e seguiu os passos do seu antepassado Davi, sem se desviar."

PARA COMEÇAR

Você já pensou em ter uma folha em branco à sua frente, pronta para você escrever uma história incrível? Às vezes, olhamos para o passado e pensamos que nossas futuras escolhas estão todas decididas, mas, na verdade, cada dia é uma nova página em branco. Assim como uma planta que pode florescer novamente quando bem cuidada, podemos também escolher como queremos viver nossa vida com a ajuda de Deus a partir de agora e construir um futuro lindo com Ele!

DEVOCIONAL 18

POR DENTRO DA HISTÓRIA

Josias era um menino de apenas 8 anos quando se tornou rei de Judá, que ficava no sul. Isso mesmo, tão jovem! Ele veio de uma família de reis que nem sempre agradaram a Deus. Seu avô, Manassés, colocou ídolos e altares falsos em Jerusalém, e seu pai, Amom, também fez coisas erradas. Mas, quando Josias virou rei, decidiu ser diferente.

Em vez de seguir os erros da família, Josias decidiu buscar a Deus e fazer o que era certo. Com 16 anos, começou a conhecer o Deus que seu antecessor Davi adorava. Aos 20 anos, Josias fez grandes mudanças em Judá: removeu os altares falsos, quebrou postes usados para adorar uma deusa falsa chamada Aserá e destruiu imagens de ídolos.

Enquanto realizava essas reformas, Josias encontrou um antigo Livro da Lei que havia sido perdido. Ao lê-lo, o jovem rei percebeu que muitas de suas ações estavam corretas e entendeu a importância de seguir a lei de Deus. Ficou muito feliz por ter encontrado o livro e quis seguir tudo o que estava escrito nele.

Josias demonstrou coragem e determinação ao escolher seguir a Deus e fazer o que era certo, mesmo enfrentando muitos desafios. Ele desejou que todo o povo amasse a Deus de verdade e seguisse Seus caminhos.

DAQUI PRA FRENTE

Da mesma forma, podemos agir na nossa vida para fazer o que é certo. Por exemplo, se vemos algo na internet que não é legal ou que não agrada a Deus, como vídeos ou jogos que não são bons, podemos decidir não assistir ou jogar. Em vez disso, podemos passar um tempo lendo a Bíblia com nossa família ou conversando com Deus em oração.

Isso nos ajuda a nos aproximar de Deus e a viver do jeito que Ele gosta. Quando fazemos isso, estamos seguindo o exemplo de Josias. Estamos limpando nosso coração e nossa casa espiritual de coisas que nos distraem de seguir a Deus com todo o nosso coração.

Pode não ser fácil, mas com a ajuda de Deus, podemos fazer isso todos os dias. Assim como Josias fez uma grande diferença em Judá, somos capazes de fazer uma diferença positiva na nossa própria vida e nas vidas das pessoas ao nosso redor. Escolhendo seguir a Deus e fazer o que Ele gosta, podemos ter uma vida cheia de amor e coisas boas todos os dias.

NÃO SE ESQUEÇA

Assim como uma folha em branco na sua frente espera para ser preenchida, todos os dias nós também podemos escolher como queremos viver com a ajuda de Deus. Assim como Josias decidiu seguir a Deus e fazer o que era certo para seu povo, nós podemos escolher não nos distrair com coisas que nos afastam de Deus. Podemos ser intencionais em buscar a Deus, em ler a Bíblia, em orar e em fazer o que é certo. Ao fazer isso, estamos escrevendo uma história bonita e cheia de significado com Deus todos os dias, assim como Josias fez uma grande diferença em seu país ao guiar seu povo de volta para Deus. Vamos aprender com Josias como é importante buscar a Deus em tudo o que fazemos e, assim, viver na presença Dele.

DEVOCIONAL 18

OPA!

ORAR

"Querido Deus, obrigado por nos mostrar por meio da história de Josias como podemos fazer a diferença ao escolher buscar e seguir o Senhor. Ajude-nos a ser como Josias, corajosos em seguir o caminho certo e remover tudo que nos afasta de Ti. Que possamos aprender a buscar a Sua vontade todos os dias e viver de acordo com os Seus ensinamentos. Amém."

PERGUNTAR

1. Por que Josias escolheu seguir a Deus e fazer o que era certo, mesmo vindo de uma família que não seguia os caminhos de Deus?
2. Como a nossa família pode ser mais intencional em buscar a Deus todos os dias, assim como Josias fez em sua vida?

AGIR

Para se lembrar da Bíblia, assim como Josias fez ao encontrar o livro da Lei e decidir seguir o que Deus queria, vocês escolherão um versículo especial juntos. Primeiro, todos pensarão em um versículo que acham que representa bem o que desejam lembrar e viver como família. Depois, escreverão esse versículo em um papel bonito e colocarão em um lugar visível, como na parede ou na geladeira. Todos os dias, vocês lerão o versículo juntos e tentarão memorizá-lo. Isso ajudará a gravar o versículo e sempre lembrar da Lei de Deus.

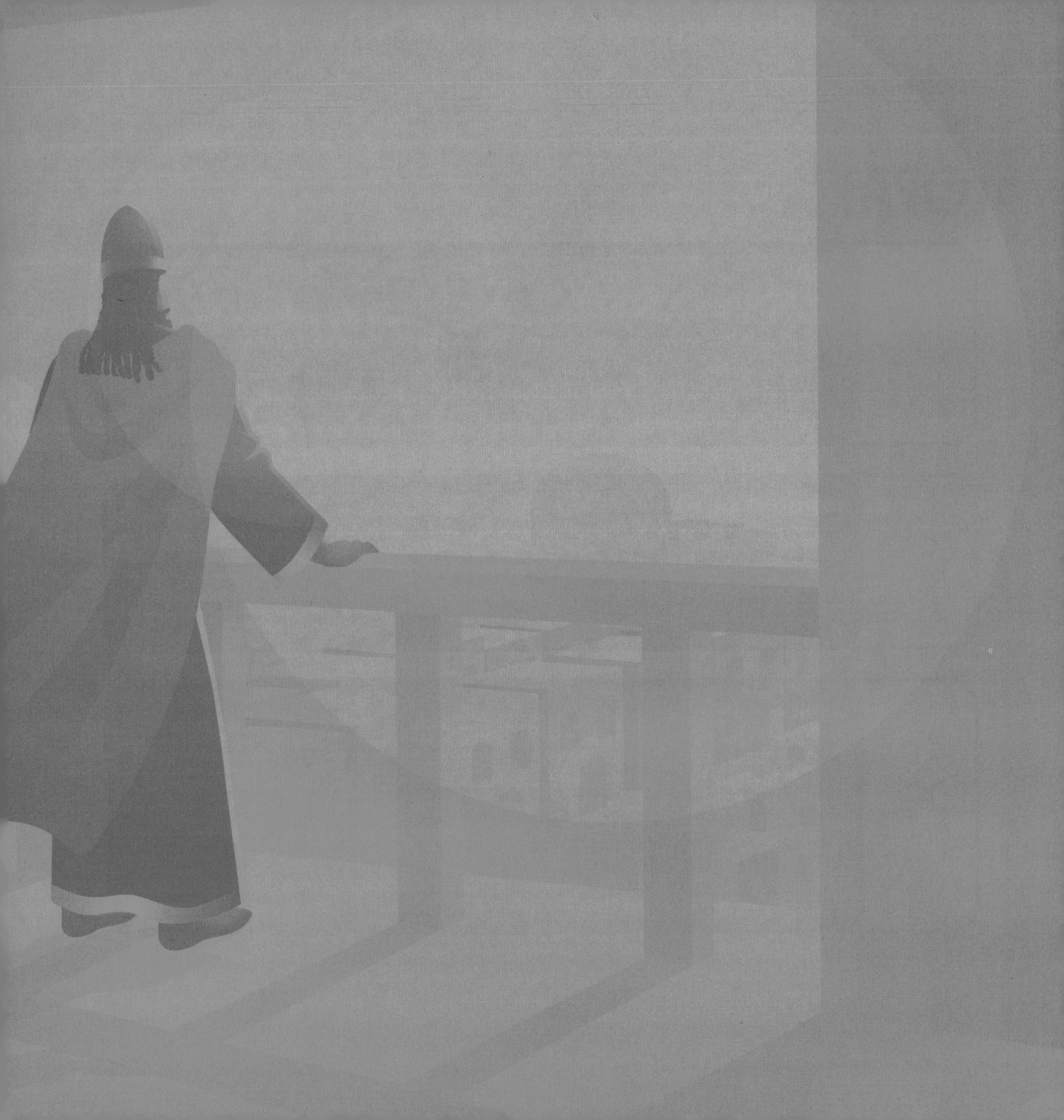

LIÇÃO

"Quando decidimos seguir a Deus e viver do jeito que Ele ensina, podemos mudar a nossa vida e fazer coisas boas para todos ao nosso redor!"

DEVOCIONAL 19

DO FOGO À BRISA SUAVE!

1 REIS 19:9-12

"Elias entrou em uma caverna e dormiu. Deus falou com ele: 'O que você está fazendo aqui, Elias?'. Ele respondeu: 'Tenho servido ao Senhor dos Anjos. O povo de Israel não segue mais a Deus, destruiu os lugares de adoração e até matou os profetas. Agora, eles querem me matar também!'. Então Deus disse: 'Saia da caverna e fique no monte, pois eu vou passar por lá.' Um vento muito forte soprou e quebrou as rochas, mas Deus não estava no vento. Depois do vento, veio um terremoto, mas Deus não estava no terremoto. Depois do terremoto, veio o fogo, mas Deus não estava no fogo. Finalmente, depois do fogo, veio uma brisa suave."

PARA COMEÇAR

Assim como as estações mudam – da primavera para o verão, e do inverno para o outono – nossa vida também tem momentos diferentes. Às vezes, estamos animados e prontos para enfrentar qualquer desafio, e, outras vezes, podemos sentir medo e estar inseguros. Mas viver com Deus significa saber que Ele está sempre ao nosso lado, não importa como nos sentimos ou onde estamos. Ele é nosso amigo fiel em todas as fases da nossa vida!

POR DENTRO DA HISTÓRIA

Elias era um profeta muito corajoso e dedicado que viveu em um tempo difícil em Israel. Durante o reinado do rei Acabe e da rainha Jezabel, o povo começou a adorar ídolos, especialmente um deus chamado Baal. Elias decidiu enfrentar 450 profetas de Baal em um grande desafio no monte Carmelo. Ele pediu que o povo escolhesse entre seguir o Deus verdadeiro ou Baal e, então, pediu a Deus que mostrasse Seu poder.

No monte Carmelo, Elias preparou um sacrifício e desafiou os profetas de Baal a chamar seu deus para mandar fogo do céu. Eles tentaram o dia todo, mas Baal não respondeu. Então, Elias orou ao Senhor e, de repente, fogo desceu do céu e queimou o sacrifício, o altar e até a água ao redor, mostrando que o Senhor é o único Deus verdadeiro e poderoso.

Mesmo depois dessa grande vitória, a rainha Jezabel ameaçou Elias de morte. Assustado e desanimado, ele fugiu para o deserto e se escondeu em uma caverna. Lá, Deus o encontrou e perguntou por que ele estava ali. Elias contou a Deus sobre sua tristeza e medo, dizendo que se sentia sozinho e sem esperança. Mas Deus não se revelou por meio de ventos fortes, terremotos ou fogo, como Elias já havia visto antes. Em vez disso, Deus se aproximou dele em uma suave brisa, mostrando que Sua presença também pode ser encontrada na calma e na tranquilidade.

DAQUI PRA FRENTE

Nossa caminhada com Deus é como um livro cheio de histórias incríveis, uma verdadeira aventura! Às vezes, é como quando Elias viu o fogo descer do céu – imagina a emoção de ver algo tão poderoso e maravilhoso acontecer, como um dia no parque cheio de risadas e diversão. Mas também há momentos difíceis, como quando Elias teve medo e se escondeu na caverna. É como quando a gente se assusta com um barulho alto durante uma tempestade. Nessas horas, lembramos que Deus está sempre conosco, mesmo quando as coisas não estão tão boas. Ele nos dá paz e tranquilidade, como uma brisa suave que acalma o coração.

A história de Elias nos ensina que a vida tem várias fases. Quando tudo está bem e estamos felizes, é importante agradecer a Deus, como quando comemoramos um aniversário com alegria. Mas quando alguém que amamos fica doente, confiamos que Deus ainda está cuidando de todos nós. Podemos orar e mostrar carinho, sabendo que Deus está olhando por nós, mesmo nas horas difíceis. Ele nos ensina a ser fortes e pacientes em todas as situações, como uma brisa suave que traz paz quando estamos preocupados. Assim, em cada fase da vida, aprendemos com Deus a viver com fé e confiança.

NÃO SE ESQUEÇA

Que incrível é caminhar com Deus! Ele nos mostra que, assim como as estações mudam, nossa vida também tem muitas fases. Podemos confiar Nele em todas as situações, desde os momentos mais felizes até os desafios que parecem grandes demais. Que nossa jornada seja sempre guiada pela confiança e pelo amor que Ele nos dá.

DEVOCIONAL 19

OPA!

ORAR

"Querido Deus, obrigado por nos mostrar o Seu poder em momentos especiais, como fez com Elias. Ajuda a gente a ser corajoso e a seguir o Senhor. Que possamos sentir a Sua presença, tanto nas vitórias quanto quando estivermos com medo e tristes, na brisa suave da Sua presença. Amém!"

PERGUNTAR

1. Como Elias mostrou coragem ao desafiar os profetas de Baal no monte Carmelo?
2. Como podemos confiar em Deus nos momentos felizes e nos desafios da vida diária?

AGIR

Criem um 'caça ao tesouro bíblico' em casa. Esconda pistas com enigmas sobre personagens bíblicos em diferentes lugares. Por exemplo, uma pista pode ser: 'Quem foi o profeta que desafiou os profetas de Baal no monte Carmelo?' Ao encontrar cada pista, leiam juntos e descubram a resposta bíblica. Depois, compartilhem o que aprenderam sobre confiar em Deus por meio das histórias dos personagens escolhidos.

LIÇÃO

"Caminhar com Deus nos ensina que, assim como as estações mudam, nossa vida tem fases, e em todas elas podemos confiar em Seu amor."

DEVOCIONAL 20

DEIXANDO PRA TRÁS!

1 REIS 19:19-21

"Um dia, Elias encontrou Eliseu, que estava cuidando do bois no campo. Elias colocou sua capa nos ombros de Eliseu. Eliseu largou os bois e quis seguir Elias. Mas primeiro, ele disse: "Posso dar tchau para o meu pai e minha mãe?". Elias deixou e falou: "Sim, mas lembre-se do que aconteceu aqui". Eliseu voltou, abateu os bois, fez lenha com o arado e preparou uma festa gostosa. Depois, foi com Elias para ser seu ajudante. E assim, Eliseu começou uma nova aventura ao lado de Elias."

PARA COMEÇAR

Você já teve que tomar uma decisão difícil enquanto brincava? Imagine que você está jogando um jogo muito legal com seus amigos no parque. De repente, alguém sugere uma nova brincadeira que parece ainda mais divertida. Você precisa decidir: continuar no jogo atual, que você já conhece e gosta, ou mudar para a nova brincadeira, mesmo que isso signifique deixar para trás o que estava fazendo. Às vezes, na vida com Deus, enfrentamos escolhas como essa, onde precisamos seguir em frente com Ele sem olhar para trás.

DEVOCIONAL 20

POR DENTRO DA HISTÓRIA

Elias e Eliseu foram dois homens muito especiais que viveram em Israel há muito tempo, quando as coisas eram difíceis. Deus escolheu os dois para ajudar o povo a fazer o que era certo e seguir a Deus. Elias era como um professor para Eliseu, ensinando-o sobre Deus e preparando-o para ser o próximo profeta. Um dia, Elias encontrou Eliseu trabalhando no campo e o convidou para seguir como seu aprendiz. Eliseu deixou tudo o que estava fazendo e começou a aprender com Elias.

Quando chegou o momento de Elias ir para o céu, os dois atravessaram o rio Jordão juntos. Antes de partir, Elias perguntou a Eliseu o que ele desejava. Eliseu fez um pedido corajoso: queria uma porção dobrada do espírito de Elias, o que significava receber uma grande bênção de Deus. Esse pedido mostrou o quanto Eliseu confiava em Deus e estava comprometido com sua missão.

Antes de subir ao céu, Elias deu a Eliseu uma tarefa importante: queimar todos os arados e bois que ele usava no campo. Eliseu fez isso, queimando tudo e dizendo adeus à sua vida antiga. Esse gesto mostrou que ele estava totalmente dedicado ao novo trabalho como profeta de Deus e estava pronto para seguir em frente, confiando em Deus para guiá-lo.

DAQUI PRA FRENTE

Assim como Eliseu precisou deixar algumas coisas pra trás para seguir o que Deus queria, às vezes, nós também precisamos fazer o mesmo. Isso pode significar parar de fazer algo que sabemos que não é certo, como usar palavras feias ou assistir a desenhos que não são bons para nós, mesmo que pareçam divertidos. Por exemplo, se decidimos não usar palavrões, mesmo quando nossos amigos estão usando, estamos mostrando que queremos obedecer a Deus. Ou, se escolhemos assistir a desenhos que nos fazem sentir bem e felizes, em vez de desenhos violentos, estamos cuidando do nosso coração e mente, como Deus quer.

Quando fazemos escolhas assim, estamos plantando sementes de obediência que vão ajudar a construir um futuro melhor. Deus nos ajuda a entender o que é certo e nos dá força para seguir o caminho Dele. Ele nos ensina a sermos bons filhos, irmãos e amigos, e nos guia para fazer o que é certo e verdadeiro. Então, vamos ser como Eliseu e confiar em Deus para nos ajudar a fazer o que Ele quer, sabendo que Ele sempre estará conosco a cada passo do caminho.

NÃO SE ESQUEÇA

Seguir a Deus pode parecer desafiador às vezes, assim como Eliseu enfrentou decisões difíceis em sua jornada. Mas quando escolhemos confiar em Deus e seguir o que Ele nos ensina, estamos plantando sementes de obediência que florescerão em bênçãos especiais em nossa vida. Que nossa família seja inspirada a seguir o exemplo de Eliseu, deixando pra trás o que não agrada a Deus e abraçando o caminho que Ele tem para nós, com fé e coragem.

DEVOCIONAL 20

OPA!

ORAR

"Querido Deus, obrigado por nos mostrar por meio da história de Elias e Eliseu como devemos confiar em Ti em todas as fases de nossa vida. Ajuda-nos a ser como Eliseu, corajosos em obedecer e confiantes em seguir o Teu caminho. Que cada decisão que tomarmos nos aproxime mais de Ti e nos faça crescer em amor e sabedoria. Amém."

PERGUNTAR

1. O que Eliseu fez para mostrar que estava totalmente comprometido com seu novo chamado como profeta de Deus?
2. Que decisões podemos tomar hoje para seguir a vontade de Deus em nossa família? Como somos capazes de mostrar nossa obediência a Ele no que dizemos e fazemos?

AGIR

Que tal vocês fazerem um churrasco em família? Assim como Eliseu queimou seus arados para seguir o que Deus queria, vocês podem se reunir na mesa e conversar sobre como podem ser melhores seguindo a Deus. Cada um pode contar algo legal que decidiu fazer para agradar a Deus, como usar palavras gentis ou assistir a programas que ensinam coisas boas. Enquanto comem juntos, vão se alegrar por crescer em obediência a Deus e se apoiar como uma família que ama e serve a Ele!

LIÇÃO

"Deixar para trás tudo o que não agrada a Deus para viver Sua vontade, é um ato de coragem que nos conduz a grandes recompensas."

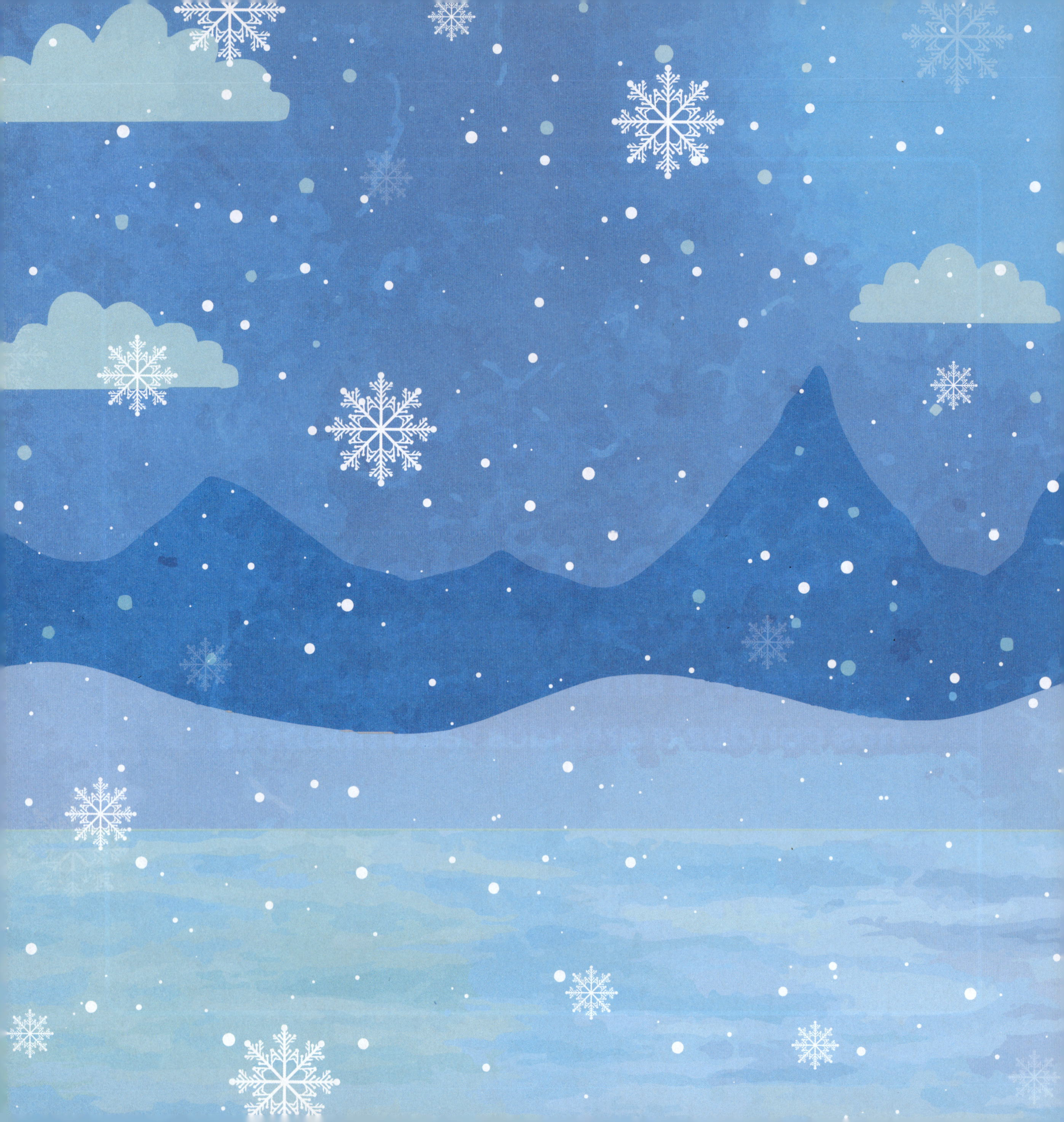

BEM-VINDOS AO INVERNO!

No inverno, a terra fica fria e silenciosa, assim como quando a neve cobre tudo e faz o mundo parecer quietinho. É também nesse tempo que encontramos profetas como Isaías, Jeremias, Ezequiel e Daniel. Eles falavam em nome de Deus e traziam mensagens importantes para as pessoas. Pensem no inverno como um momento em que o povo de Israel estava passando por um "inverno espiritual". Eles estavam passando por momentos difíceis e esperando por algo melhor. Mas, assim como as estrelas brilham no céu escuro, os profetas trouxeram esperança e ajudaram a preparar o coração das pessoas para algo incrível. Mesmo quando parece que Deus está em silêncio, Ele está preparando algo maravilhoso para nós. Aprenderemos que, mesmo no frio e na espera, nossa fé e paciência nos aquecem e nos deixam mais fortes.

APRENDEREMOS A CONFIAR!

ISAÍAS 40:31

"Por que se preocupar, querido Jacó? Por que chorar, Israel, dizendo. 'Deus se esqueceu de mim. Ele não se importa com o que acontece comigo?'. Vocês não entenderam? Não estão vendo? Deus não vai embora; Ele está sempre aqui. Ele fez tudo o que você vê e tudo o que você imagina. Ele nunca fica cansado e não precisa descansar. Ele sabe tudo sobre você, até os detalhes pequenininhos. Ele dá força para os cansados e anima quem está desanimado. Mesmo os jovens podem ficar cansados e desanimar, mas quem confia em Deus fica forte de novo. Quem espera em Deus pode voar alto como as águias, correr sem ficar cansado e andar sem se sentir fraco."

PARA COMEÇAR

Imagine que você está brincando de esconde-esconde, seu amigo te vê escondido e você precisa confiar nele para não ser pego no seu esconderijo. Você pode até ficar com dúvida se seu amigo está do seu lado, mas precisa confiar que ele vai te proteger e que você pode vencer. Assim como confiamos nos nossos amigos nas brincadeiras, também podemos aprender a confiar em Deus nos momentos difíceis da vida e é isso que vamos aprender hoje.

DEVOCIONAL 21

POR DENTRO DA HISTÓRIA

No inverno da vida do povo de Israel, eles se sentiram muito tristes e distantes de Deus porque fizeram escolhas erradas. Perguntavam-se se Deus tinha esquecido deles e por que suas lágrimas estavam sendo ignoradas, mas Deus sempre os amou muito.

Isaías foi um profeta especial que falou sobre Jesus muito antes de Ele nascer, especialmente nesse tempo difícil que o povo de Israel estava vivendo. Ele escreveu muitas coisas importantes sobre o que Deus prometeu ao Seu povo e como deveriam viver. Mesmo quando estavam tristes por causa dos erros que cometiam, Isaías sempre lembrava que Deus estava cuidando deles.

Nessa época, o povo de Israel estava na Babilônia, um lugar estranho, onde não tinham suas casas nem templos como os que conheciam. Não estavam na terra que Deus tinha prometido a eles, mas Ele permitiu que isso acontecesse para que voltassem seus corações para Ele, obedecessem e pudessem ser livres novamente.

Mesmo quando tudo parecia muito escuro e difícil na Babilônia, Deus nunca esqueceu do povo de Israel. Ele sempre estava lá, firme como as montanhas que Ele mesmo criou, conhecendo cada pessoa. Deus só queria que eles confiassem Nele; afinal, já tinha provado muito Seu amor durante toda a história. Então, por que agora seria diferente?

DEVOCIONAL 21

DAQUI PRA FRENTE

Quando as coisas ficam difíceis, como no inverno da vida do povo de Israel, podemos nos sentir tristes e distantes de Deus. Às vezes, fazemos escolhas erradas ou enfrentamos situações que nos fazem pensar que Deus nos abandonou. Mas, ao olhar para a história de Isaías e do povo de Israel, podemos aprender muito sobre como confiar em Deus.

Pensem em situações em que as coisas não saem como planejado. Talvez um brinquedo tenha quebrado ou sua família não pôde passear por causa de uma chuva forte. Isso pode nos deixar tristes, assim como o povo se sentiu na Babilônia. Mas, assim como Deus cuidou deles, Ele cuida de nós também!

Deus nos ama muito e está sempre conosco, mesmo nos momentos mais difíceis. Ele quer que confiemos Nele, assim como confiamos em nossos pais quando precisamos de ajuda. Por exemplo, quando estamos com medo do escuro à noite, nossos pais estão lá para nos confortar e proteger. Da mesma forma, Deus está sempre pronto para nos dar força e nos consolar quando estamos tristes ou com medo.

Quando enfrentamos nossos próprios "invernos", precisamos lembrar que Deus está conosco. Ele nos ajuda a encontrar soluções para os problemas, nos dá força para continuar e nos ensina a ser pacientes e obedientes, assim como Ele ensinou ao povo de Israel na Babilônia.

Então, da próxima vez que algo não sair como esperado, lembrem-se de confiar em Deus. Ele sempre estará conosco para nos guiar e amar, não importa o que aconteça. Assim como Isaías nos ensinou, podemos voar alto como as águias, confiando em Deus em todas as estações da vida!

NÃO SE ESQUEÇA

Que essa história nos ensine a desejar sempre seguir ao Senhor em tudo o que fazemos. Quando confiamos em Deus, mesmo nos momentos mais difíceis, encontramos a força e a sabedoria para viver da melhor maneira possível.

DEVOCIONAL 21

OPA!

ORAR

"Querido Deus, obrigado por sempre estar conosco, mesmo nos momentos mais difíceis. Ajude-nos a confiar em Ti e a seguir Teus caminhos em todas as situações. Que nossa fé em Ti nos guie e nos fortaleça. Amém."

PERGUNTAR

1. O que o povo de Israel aprendeu enquanto estava na Babilônia?
2. Como podemos confiar em Deus durante os momentos difíceis de nossa vida?

AGIR

Façam aviões de papel em família; enquanto isso, falem sobre como confiar em Deus nos ajuda a voar alto como as águias, superando os desafios da vida. Depois, cada um pode decorar seu avião com versículos da Bíblia sobre confiança em Deus e até mesmo brincar juntos de lançar aviões, reforçando a ideia de confiança e superação.

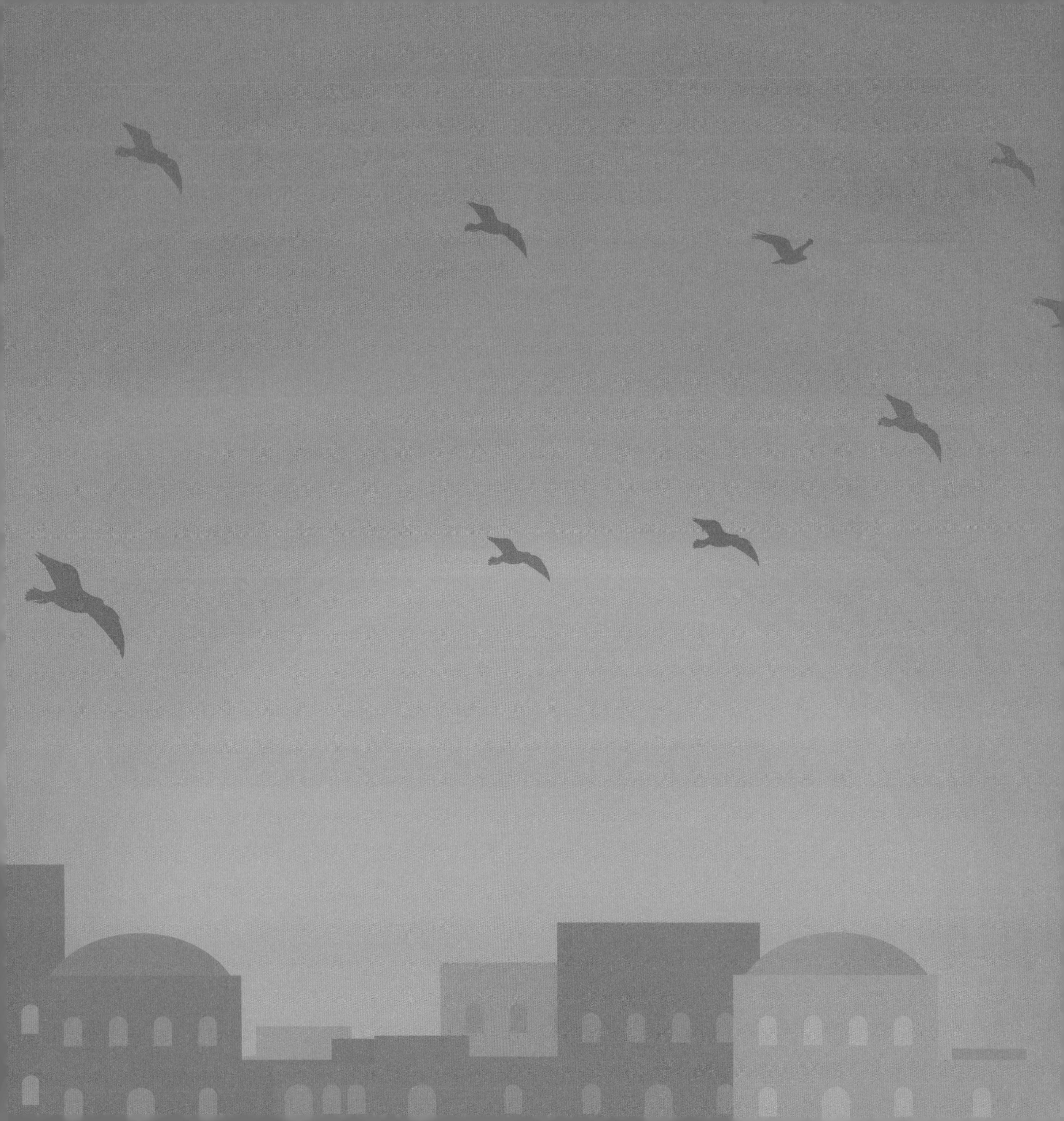

LIÇÃO

"Nos momentos difíceis, é fundamental confiar que Deus está sempre ao nosso lado, nos sustentando em cada desafio."

DEVOCIONAL 22

NAS MÃOS CERTAS!

JEREMIAS 18:1-4

"Deus disse a Jeremias: 'Levante-se! Vá até a casa do oleiro. Quando você chegar lá, vou falar com você'. Jeremias foi logo até a casa do oleiro, onde ele estava trabalhando na sua roda de madeira. Às vezes, o vaso de barro que o oleiro estava fazendo não ficava do jeito que ele queria. Então, ele começava tudo de novo, usando o mesmo barro para fazer outro vaso."

PARA COMEÇAR

Vocês já ouviram falar no Leonardo da Vinci, aquele artista e inventor muito famoso? Ele costumava dizer que sua mente e suas mãos eram presentes de Deus. Isso significa que ele sabia que estava nas mãos certas para criar coisas incríveis, como a Mona Lisa e muitas outras invenções inteligentes! Assim como Leonardo da Vinci confiava no dom que Deus lhe deu, nós também podemos confiar que estamos nas mãos certas de Deus em tudo o que fazemos na vida. Vamos descobrir juntos como isso pode nos ajudar todos os dias!

DEVOCIONAL 22

POR DENTRO DA HISTÓRIA

Num tempo em que o povo de Israel estava desobedecendo a Deus, Ele escolheu Jeremias para ser Seu profeta. Jeremias era conhecido como o "profeta chorão", porque ficava triste com as coisas ruins que aconteciam por causa da desobediência do povo e chorava diante de Deus. Ele avisava que algo muito triste estava chegando: os inimigos da Babilônia iam invadir Jerusalém, queimar casas e levar o povo embora como prisioneiro para um lugar distante. O que Jeremias falava não era levado a sério e muitas pessoas o chamavam de traidor, mas tudo aconteceu como ele tinha dito: Jerusalém foi destruída e as pessoas foram levadas para bem longe.

Mesmo no meio dessa tristeza toda, Deus não abandonou Seu povo. Ele pediu para Jeremias ir até a casa de um oleiro. Lá, Jeremias viu o oleiro moldando um vaso de barro na roda. Às vezes, o vaso quase ficava pronto, mas o oleiro tinha que começar de novo porque a argila se desfazia. Mesmo assim, o oleiro não desistia até que o vaso ficasse perfeito. Jeremias percebeu que Deus estava ali, moldando não só vasos de barro, mas também o seu povo. Assim como o oleiro não desistia do vaso, Deus estava mostrando para ele que ele jamais desistiria do Seu povo amado. Mesmo que fosse necessário refazer muitas vezes até o povo entender, Ele faria. O tempo de sofrimento seria longo, mas a dor tinha um propósito: trazer o povo de volta para Deus, como um oleiro que molda o barro até ficar perfeito.

DAQUI PRA FRENTE

Sabemos que às vezes enfrentamos momentos difíceis em família, como quando surgem problemas que parecem grandes demais para resolver. Assim como o oleiro molda o barro com paciência, Deus também está sempre conosco, cuidando e moldando nossa vida. Imagine que somos como o barro nas mãos de Deus. Ele nos molda para sermos pessoas melhores, mais amorosas e pacientes uns com os outros. Quando enfrentamos dificuldades, é como se estivéssemos na roda do oleiro. Pode ser que seja difícil e doloroso, mas Deus nunca desiste de nós.

E o que podemos fazer em nossa vida em família? Podemos aprender com Jeremias e com a história do oleiro. Podemos ser pacientes uns com os outros, assim como Deus é paciente conosco. Podemos cuidar uns dos outros e ajudar quando alguém estiver passando por um momento difícil. Quando surgirem desafios, lembre-se de que estamos nas mãos certas — nas mãos amorosas de Deus. Ele nos guiará e nos ajudará a superar qualquer dificuldade. Confie Nele e veja como Ele transforma até os momentos difíceis em algo bom.

NÃO SE ESQUEÇA

Que possamos sentir o desejo de sermos guiados pelo Senhor em tudo que fizermos. Assim como o oleiro confia que o vaso ficará lindo, vamos confiar em Deus para nos transformar e nos guiar em nossa vida em família.

DEVOCIONAL 22

OPA!

ORAR

"Querido Deus, obrigado por nos ensinar por meio da história de Jeremias. Ajude-nos a confiar sempre em suas mãos amorosas. Que possamos aprender e crescer com você todos os dias da nossa vida. Amém."

PERGUNTAR

1. Como Jeremias viu Deus trabalhando na vida do povo?
2. Como podemos ser pacientes e cuidar uns dos outros nos momentos difíceis como Deus fez com o Seu povo?

AGIR

Façam juntos pequenos vasinhos de massinha ou argila. Enquanto criam, conversem sobre como Deus nos molda com amor e como podemos confiar que estaremos em suas mãos em todos os momentos.

LIÇÃO

"Assim como o oleiro molda o barro com cuidado e não o joga fora, Deus está sempre moldando nossa vida com paciência e amor."

DE OSSOS A UM EXÉRCITO!

EZEQUIEL 37:7-10

"Eu fiz o que Deus mandou. Enquanto eu falava, ouvi um barulho de ossos batendo! Os ossos começaram a se juntar, um por um. Eu fiquei olhando. Depois, apareceram tendões, músculos e, finalmente, a pele. Mas eles ainda estavam parados, sem vida. Então, Deus disse: 'Agora, fale para o sopro de vida vir. Diga: "Venha, sopro, e dê vida a esses corpos!"'. Eu fiz o que Ele disse. O sopro entrou neles e aconteceu um milagre! Os corpos mortos se levantaram como um grande exército."

PARA COMEÇAR

Encontrar soluções para problemas é como descobrir caminhos que nos levam a novas aventuras e aprendizados emocionantes. Quando enfrentamos desafios, temos a chance de aprender como superar obstáculos e descobrir novas maneiras de fazer as coisas.

DEVOCIONAL 23

POR DENTRO DA HISTÓRIA

No sombrio inverno do cativeiro babilônico, o povo de Israel estava preso na Babilônia porque não obedecia a Deus. Eles se encontravam longe de casa, a mais de mil quilômetros, como refugiados em uma terra perigosa e sem graça. Ezequiel, que era sacerdote e profeta, estava lá com eles. Deus falava com Ezequiel por meio de sonhos especiais chamados visões. Mesmo sendo invisível, Deus se mostrava de maneiras diferentes para as pessoas na Bíblia, como em figuras vivas.

Em uma dessas visões, Ezequiel viu um vale cheio de ossos secos, como esqueletos sem vida. Deus pediu que Ezequiel falasse com aqueles ossos, anunciando que eles iriam se unir novamente e ganhar vida. Ezequiel obedeceu, e algo incrível aconteceu! Os ossos começaram a se mexer e se unir, músculos e pele apareceram, e eles começaram a respirar de novo! Foi um milagre! Essa visão mostrou que Deus daria vida novamente ao povo de Israel e o levaria de volta para sua própria terra, Jerusalém.

Mesmo quando as coisas estavam muito difíceis, Deus prometeu cuidar deles e dar-lhes esperança novamente. Ezequiel ensinou que, mesmo quando tudo parece triste, Deus pode transformar nossa tristeza em alegria e dar nova vida ao que parece perdido.

DAQUI PRA FRENTE

Quando estamos enfrentando desafios em nossa vida, como problemas na escola, brigas entre irmãos ou preocupações do dia a dia, podemos nos lembrar de como Deus soprou vida nos ossos secos. Ele mostrou que não importa o quão difícil a situação pareça, Ele pode fazer o impossível acontecer. Assim como Ezequiel obedeceu a Deus e viu um milagre acontecer, nós também podemos confiar em Deus e obedecer aos Seus ensinamentos. Isso significa ser bondoso com os outros, perdoar quando alguém nos magoa e pedir ajuda a Ele quando precisamos. Deus nos ama muito e sempre está pronto para nos ajudar a encontrar soluções, mesmo nos momentos mais difíceis.

Lembre-se de como o poder de Deus é real e presente em nossa vida. Ele nos ama profundamente e está sempre pronto para nos ajudar a encontrar esperança e solução, mesmo quando pensamos que não há saída.

NÃO SE ESQUEÇA

Por meio da visão de Ezequiel, somos lembrados de que o amor e o poder de Deus sempre estão presentes em nossa vida. Assim como Ele trouxe vida aos ossos secos naquele tempo sombrio, Ele continua operando milagres nos dias de hoje. Deus nos ama profundamente e está sempre pronto para nos ajudar, trazendo esperança e solução para todas as nossas dificuldades.

DEVOCIONAL 23

OPA!

ORAR

"Querido Deus, obrigado por nos mostrar por meio da história de Ezequiel que o Senhor é capaz de transformar tristeza em alegria e impossibilidades em milagres. Ajude-nos a confiar em Seu amor e poder em todas as circunstâncias da vida. Que possamos viver essa verdade em todos os nossos dias. Amém."

PERGUNTAR

1. Como você acha que Ezequiel se sentiu ao ver os ossos secos ganharem vida novamente?
2. Como podemos confiar em Deus quando enfrentamos problemas difíceis em nossa família?

AGIR

Cada membro da família pode desenhar um esqueleto em um papel preto com um lápis branco. Depois, conversem juntos sobre os desafios que estão enfrentando. Orem pedindo para que Deus sopre vida nessas situações, transformando desafios em oportunidades de crescimento e bênçãos.

LIÇÃO

"Deus pode transformar nossa tristeza em alegria e dar nova vida para o que parece perdido."

DEVOCIONAL 24

MINHA MELHOR VERSÃO!

DANIEL 1:1-5

"Há muito tempo, quando Jooaquim roinava om Judá, o rci Nabucodonosor da Babilônia decidiu lutar contra Jerusalém e cercar a cidade. Deus permitiu que Nabucodonosor capturasse o rei Jeoaquim de Judá e alguns objetos sagrados do templo. Nabucodonosor levou o rei e esses objetos para a Babilônia, uma terra distante. O rei pediu a Aspenaz, um chefe importante do palácio, que escolhesse jovens israelitas da família real e de nobres. Eles deveriam ser saudáveis, bonitos, inteligentes e bem educados, com potencial para se tornarem líderes. O rei queria que Aspenaz ensinasse esses jovens a falar a língua e a seguir a cultura da Babilônia. Além disso, ordenou que recebessem a mesma comida que ele: alimentos muito bons e vinho fino. Depois de três anos de treinamento, eles seriam colocados em posições importantes no governo do rei."

PARA COMEÇAR

Você já viu quando um jogo recebe uma atualização que deixa tudo mais legal? É como se ganhássemos novos poderes para enfrentar desafios maiores e nos divertir ainda mais! Da mesma forma, quando buscamos ser nossa melhor versão, como aprender coisas novas na escola ou cuidar bem de nós mesmos, podemos melhorar muito também!

DEVOCIONAL 24

POR DENTRO DA HISTÓRIA

Quando Daniel era um adolescente, foi levado para a Babilônia pelo rei Nabucodonosor, que mandou prender o povo de Deus. Quando chegaram lá, o rei queria ter ao seu lado os hebreus mais espertos e bonitos, para que aprendessem tudo que os sábios da Babilônia sabiam. Daniel e seus amigos foram escolhidos por serem muito inteligentes. Mesmo longe de casa, em um país estranho, eles nunca deixaram de acreditar em Deus. Na Babilônia, Daniel se tornou muito importante. Além de ser profeta, virou governador de uma província e chefe dos sábios do rei! Tudo começou quando ele e seus amigos decidiram não comer a comida que era oferecida aos ídolos da Babilônia. Deus os abençoou com muita sabedoria e inteligência.

Um dia, o rei teve um sonho muito estranho que ninguém conseguia entender. Mas Daniel, com a ajuda de Deus, explicou tudo! Ele até falou sobre os quatro grandes impérios que iriam governar o mundo: a Babilônia, depois os persas, os gregos e, por último, os romanos. Daniel não só sobreviveu na Babilônia, como brilhou muito lá! Ele nunca se deixou influenciar pelos costumes errados do lugar e sempre mostrou a verdade e a justiça de Deus. Mesmo com muitos desafios e em um lugar diferente, Daniel mostrou que a luz de Deus pode brilhar forte em qualquer lugar e fazer uma grande diferença.

DAQUI PRA FRENTE

A história de Daniel nos ensina lições muito importantes para nossa vida todos os dias. Assim como Daniel na Babilônia, é importante a gente se esforçar nos estudos na escola, aprendendo bem para crescer e ser sábio. Quando a gente estuda com vontade, agrada a Deus e se prepara melhor para o futuro. Além disso, a gente pode ser como Daniel e se preocupar em estar limpinho e arrumadinho. É importante obedecer aos nossos pais quando eles pedem para tomar banho e cuidar da nossa aparência. Isso mostra que a gente é responsável e respeita a nós mesmos e aos outros. Também podemos usar os talentos que Deus nos deu para mostrar às pessoas como Ele é legal.

Assim como Daniel e seus amigos mostraram a sua fé na Babilônia, a gente pode ajudar os outros a conhecer Deus por meio do que fazemos e falamos. Quando a gente segue os exemplos de fé, coragem e dedicação de Daniel, podemos ser luz em casa, na escola e onde a gente estiver. Vamos nos esforçar para ser como Daniel, mostrando para todo mundo como Deus é incrível e pode nos transformar em nossa melhor versão.

NÃO SE ESQUEÇA

Saiba que, mesmo em lugares diferentes e difíceis, como Daniel na Babilônia, é possível manter a fé e fazer o que é certo. Daniel e seus amigos nos mostram como seguir a Deus em todas as situações, mostrando que Ele nos ajuda a sermos sempre melhores. Vamos seguir o exemplo de Daniel em casa, na escola e em todos os lugares, mostrando o amor de Deus para as pessoas ao nosso redor!

DEVOCIONAL 24

OPA!

ORAR

"Querido Deus, ajuda-nos a aprender com a história de Daniel e a sermos corajosos como ele foi. Que a nossa vida mostre o quanto confiamos em Ti e que possamos ser uma luz para os outros, assim como Daniel foi na Babilônia. Amém."

PERGUNTAR

1. Quais qualidades o rei Nabucodonosor queria que os jovens hebreus, como Daniel, tivessem quando foram levados para a Babilônia?
2. Como podemos mostrar aos nossos amigos e familiares que confiamos em Deus, assim como Daniel mostrou na Babilônia?

AGIR

Durante uma semana, que tal vocês se esforçarem para serem bem legais uns com os outros e com as pessoas ao redor? Todos os dias, façam coisas boas sem esperar nada em troca, apenas para agradar a Deus!

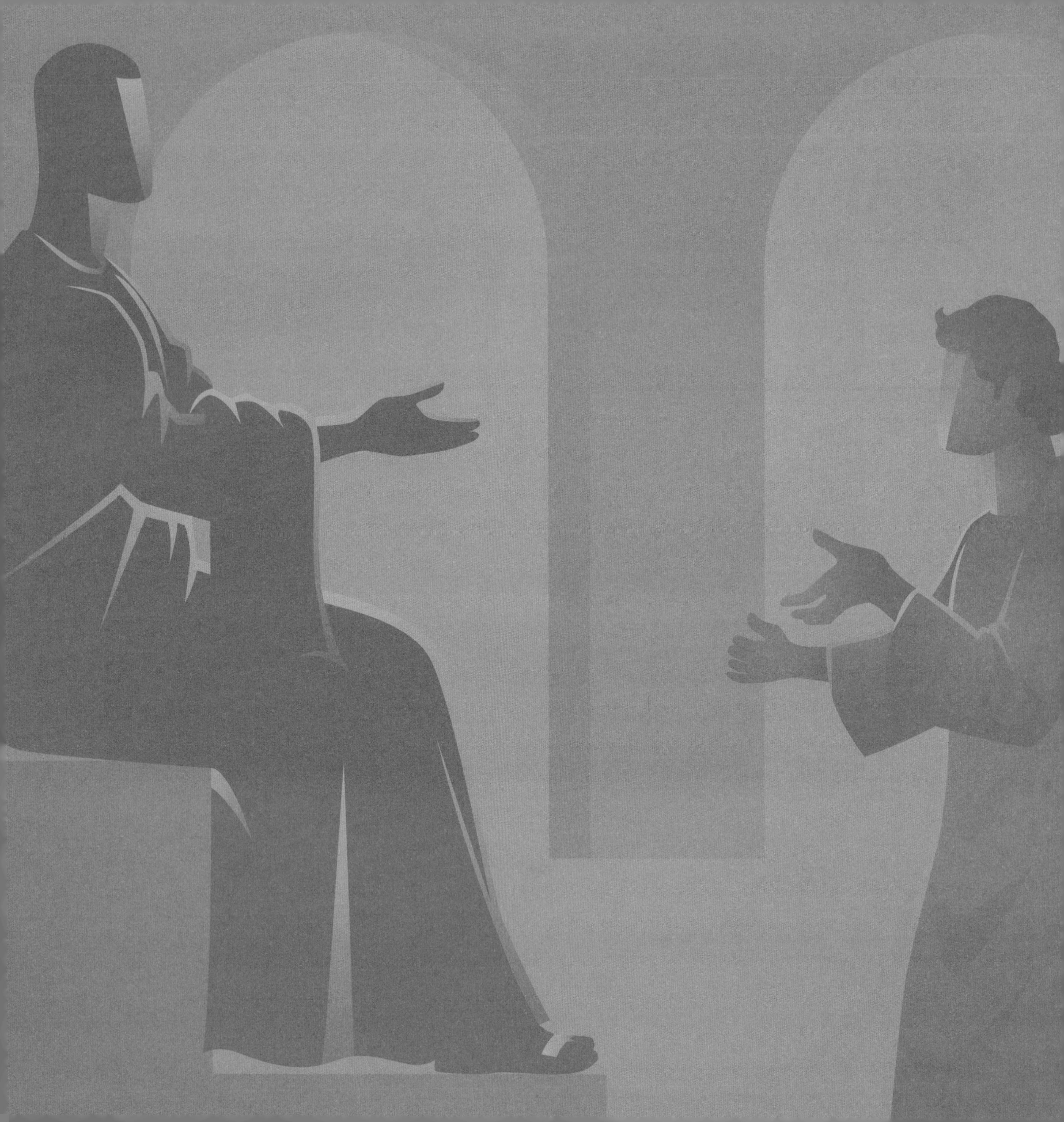

LIÇÃO

"Quando mantemos nossa fé em ação e não nos rendemos às situações da vida, provamos ao mundo que Deus nos sustenta em cada desafio."

DEVOCIONAL 25

MAIS DO QUE LER, É VIVER!

ESDRAS 7:8-10

"Esdras havia saído da Babilônia e chegado a Jerusalém com a ajuda e proteção de Deus. Durante esse tempo, ele estudou o que Deus havia ensinado e ensinou aos israelitas o que estava no livro de Deus."

PARA COMEÇAR

Você sabia que a Bíblia é o livro mais vendido no mundo? Mas, mais importante do que ser o livro mais vendido, é ser o livro mais lido! A Bíblia é cheia de histórias incríveis e ensinamentos especiais que podem nos ajudar a viver de um jeito maravilhoso. Ela é como um manual de instruções que Deus nos deu para nos guiar e mostrar como viver com amor e sabedoria. Quando lemos a Bíblia e seguimos o que ela nos ensina, nossa vida pode mudar para melhor!

DEVOCIONAL 25

POR DENTRO DA HISTÓRIA

Há muito tempo, o povo de Israel foi levado prisioneiro para a Babilônia, um lugar muito longe de sua terra natal, Jerusalém. Eles ficaram tristes lá, longe de casa, por 70 anos. Mas Deus tinha um plano especial para eles, mesmo em um cenário tão difícil.

Um dia, um novo rei, chamado Ciro, que era o rei da Pérsia, conquistou a Babilônia e decidiu deixar o povo de Israel voltar para sua terra natal e reconstruir sua cidade e o templo. Entre os que voltaram estava um homem chamado Esdras. Ele era um sacerdote e um estudioso muito dedicado aos escritos sagrados de Deus. Esdras amava profundamente os livros que contavam a história de Abraão, Isaac, Jacó e todas as maravilhas que Deus havia feito por meio de Moisés. Esses livros, que eram a Bíblia daquele tempo, eram muito especiais para ele, e por isso dedicava tantas horas estudando palavra por palavra.

Esdras saiu da Babilônia com um grupo de pessoas para voltar a Jerusalém, a cidade prometida por Deus. Durante toda a jornada, Esdras e seus amigos confiaram na proteção e no cuidado de Deus, sabendo que Ele estava com eles a cada passo nesse novo começo. Quando chegaram a Jerusalém, Esdras dedicou seu tempo a estudar os escritos sagrados e a ensinar as pessoas sobre Deus. Ele não apenas leu as palavras, mas também viveu todas elas, obedecendo a Deus o tempo todo e, além disso, compartilhou com os israelitas tudo o que mais chamava sua atenção. Esdras sabia que a Palavra de Deus era mais do que um livro; era um incrível manual de instruções, cheio de sabedoria para todos.

DAQUI PRA FRENTE

A vida de Esdras nos ensina muitas coisas que podemos usar em nosso dia a dia. Esdras era um homem que amava muito a Bíblia e passava um tempo especial estudando a palavra de Deus. Ele é um ótimo exemplo para nós, pois mostra como podemos também valorizar a Bíblia. Em nossas famílias, podemos seguir o exemplo de Esdras, reservando um tempo para ler a Bíblia juntos. Esse momento pode ser divertido e especial, em que cada um pode contar o que achou do que leu e aprender mais sobre Deus.

Esdras nos ensina que não basta só ler a Bíblia; precisamos também colocar em prática o que ela nos ensina. Por exemplo, se a Bíblia fala sobre amar o próximo, devemos mostrar esse amor nas nossas ações. Podemos fazer isso ajudando um amigo, sendo gentis com a família, respeitando as pessoas ao nosso redor... Cada coisa que fazemos pode ser uma maneira de mostrar nossa fé e ajudar os outros a conhecer e amar a Palavra de Deus, nossas ações devem mostrar no que acreditamos. Ele também nos ensina a importância de encontrar maneiras de contar aos outros o que aprendemos na Bíblia, seja em uma conversa durante o jantar ou brincando com um colega na escola, por exemplo.

NÃO SE ESQUEÇA

A vida de Esdras nos ensina que ler a Bíblia é só o começo. O mais importante é viver o que ela ensina e mostrar aos outros o amor de Deus. Vamos seguir o exemplo de Esdras e deixar que a Bíblia guie nossas ações para que possamos ajudar os outros a conhecerem a Deus!

DEVOCIONAL 25

OPA!

ORAR

"Deus, obrigado pela Bíblia e pelas histórias que ela nos conta. Ajuda nossa família a ler a Bíblia e a viver o que ela nos ensina. Amém."

PERGUNTAR

1. O que Esdras fazia quando chegou a Jerusalém e como ele ajudou as pessoas a conhecerem a Deus?
2. O que você pode fazer todos os dias para lembrar dos ensinamentos da Bíblia e mostrar o amor de Deus aos outros?

AGIR

Escolham um versículo da Bíblia que seja especial para a família de vocês e gravem um vídeo no qual cada um leia o versículo e diga por que ele é importante. Depois assistam ao vídeo juntos e conversem sobre como podem usar esse versículo para ajudar vocês a seguirem a Deus no dia a dia! Seria muito legal também mandar esse vídeo para algum familiar ou amigo, o que acham?

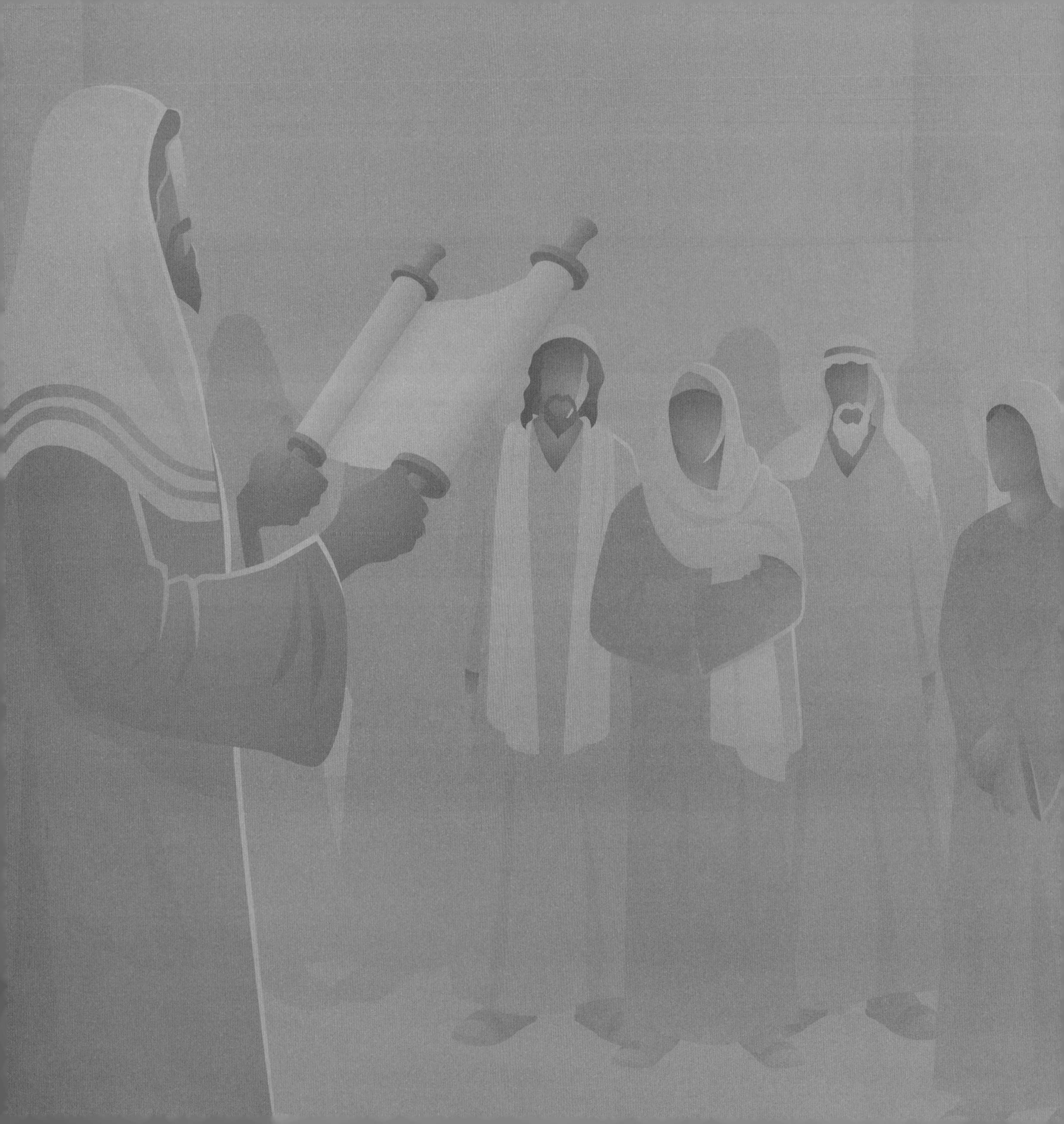

LIÇÃO

"Não basta apenas ler a Bíblia, precisamos colocar em prática o que ela nos ensina."

DEVOCIONAL 26

RECONSTRUINDO NOSSOS MUROS!

NEEMIAS 1:1-4

"Quando Neemias ouviu isso, ficou muito triste. Ele se sentou e chorou, e durante vários dias esteve tão abatido que não comeu nada. Neemias orou a Deus, o Senhor dos céus, pedindo ajuda para a situação dos judeus e para a cidade de Jerusalém."

PARA COMEÇAR

Às vezes, na vida, enfrentamos desafios que podem nos deixar tristes ou inseguros. Pode ser um problema na escola, uma briga com um amigo ou um medo que sentimos. Assim como em uma construção, onde precisamos levantar paredes e estruturas para criar um lugar seguro, precisamos cuidar do nosso coração para nos proteger das coisas que podem nos machucar. Por isso, é importante ter coragem para enfrentar esses desafios e buscar ajuda de quem nos ama. Na história de hoje, vamos aprender como é importante guardar o nosso coração!

DEVOCIONAL 26

POR DENTRO DA HISTÓRIA

Há muito tempo, em uma terra chamada Susã, vivia um homem chamado Neemias. Ele era um dos judeus que foram levados para a Pérsia, uma grande nação, cerca de 450 anos antes de Jesus nascer. Já fazia quase 100 anos que alguns judeus estavam voltando para Jerusalém, mas a cidade ainda estava em ruínas.

Um dia, Neemias ouviu que a situação em Jerusalém era muito triste. Os muros estavam destruídos e dos portões só restavam cinzas. Ele ficou muito triste, chorou e orou a Deus, pedindo ajuda para sua cidade e seu povo.

Deus ouviu as orações de Neemias. O rei Artaxerxes percebeu a tristeza de Neemias e perguntou o que estava acontecendo. Neemias contou sobre Jerusalém e pediu permissão para voltar e ajudar a consertar os muros. O rei permitiu e deu a Neemias tudo o que ele precisava para a viagem, mesmo sendo rei de outra nação.

Neemias voltou para Jerusalém e tinha um plano muito bom. Ele dividiu a cidade em partes, como uma pizza, e pediu que cada grupo de pessoas trabalhasse em uma parte dos muros. Mesmo com algumas pessoas tentando desanimar, dizendo que eles não conseguiriam, Neemias e os moradores de Jerusalém trabalharam com muita coragem. Eles seguravam espadas com uma mão enquanto usavam a outra para reconstruir os muros, para se protegerem de inimigos. E você sabe o que aconteceu? Em apenas 52 dias, os muros estavam prontos! Foi um trabalho incrível!

Você se lembra de Esdras? Aquele sacerdote da lição anterior? Depois da reconstrução, Neemias chamou ele para ler a Palavra de Deus em voz alta para todos na praça da cidade. As pessoas estavam felizes, aprenderam mais sobre Deus e puderam testemunhar que Deus sempre esteve com eles.

DEVOCIONAL 26

DAQUI PRA FRENTE

A história de Neemias é muito mais do que apenas a reconstrução de muros. Ela nos ensina uma lição importante sobre como proteger nossos corações e enfrentar desafios com coragem e ajuda de Deus.

Agora, vamos pensar em como essa história pode nos ajudar hoje. Diferente de Neemias, a gente não precisa construir muros físicos, mas todos nós precisamos proteger o nosso coração de pessoas que tentam nos desanimar e dizer que não vamos conseguir. O coração é como uma cidade e precisamos cuidar dele para que não fique aberto para coisas que podem nos machucar.

Por exemplo, imagine que você está passando por um momento difícil. Seu coração pode estar se sentindo triste ou confuso, como se estivesse sem muros para protegê-lo. Assim como Neemias pediu ajuda para reconstruir os muros de Jerusalém, se você estiver triste ou com medo, lembre-se de que você pode orar a Deus, Ele vai te ajudar a encontrar coragem e força. Você também pode contar com seus pais, irmãos e amigos para te apoiar e te ajudar. Trabalhar junto com quem amamos torna a tarefa mais fácil e deixa o coração mais protegido.

Pense também em quando sua família precisa fazer algo grande, como preparar uma festa. Se todos ajudarem, dividindo as tarefas, o trabalho fica mais leve e a festa fica maravilhosa! Assim, em momentos difíceis, lembre-se de que pedir ajuda é uma maneira de cuidar do seu coração e que, juntos, e com a ajuda de Deus, vocês podem superar qualquer desafio.

NÃO SE ESQUEÇA

A história de Neemias nos mostra que, com coragem e trabalho em equipe, podemos enfrentar e vencer as dificuldades. Da próxima vez que você se sentir triste ou tiver um problema, lembre-se de Neemias e como ele confiou em Deus para reconstruir os muros de Jerusalém. Com a ajuda de Deus e das pessoas que amamos, podemos proteger nossos corações e enfrentar qualquer desafio.

DEVOCIONAL 26

OPA!

ORAR

"Querido Deus, obrigado por nos mostrar por meio da história de Neemias como podemos enfrentar desafios com coragem e pedir ajuda. Ajude minha família a trabalhar junta e a confiar em Ti para nos ajudar a proteger nossos corações e superar as dificuldades. Amém."

PERGUNTAR

1. O que Neemias fez quando soube que os muros de Jerusalém estavam destruídos?
2. Como podemos trabalhar juntos para ajudar uns aos outros em nossa família?

AGIR

Crie um castelo com sua família usando cartolina e materiais de arte, decorando-o com muros e um portão como símbolo de proteção. Escreva mensagens de coragem e proteção baseadas na história de Neemias em cartões pequenos e cole-os no castelo. Depois, converse sobre como essas mensagens podem ajudar a enfrentar desafios!

LIÇÃO

"Com a ajuda de Deus e das pessoas que amamos, somos capazes de proteger nosso coração e enfrentar qualquer desafio que surgir."

DEVOCIONAL 27

BELEZA INTERIOR!

ESTER 4:12-16

"Mardoqueu disse a Ester: 'Não pense que, só porque você mora no palácio e é a rainha, você e sua família estarão a salvo. Se você ficar em silêncio e não fizer nada, Deus encontrará outra maneira de ajudar os judeus, mas você e sua família poderão se perder. Talvez você tenha sido feita rainha justamente para ajudar neste momento difícil.' Ester respondeu: 'Reúna todos os judeus que moram na cidade e peça que jejuem por mim. Isso significa que eles não podem comer nem beber nada por três dias e três noites. Eu e minhas ajudantes faremos a mesma coisa. Depois disso, vou me apresentar ao rei, mesmo sabendo que isso pode ser muito perigoso. Se eu tiver que morrer, estarei pronta.'"

PARA COMEÇAR

Você sabia que existe um concurso chamado "Miss Universo" no qual as mulheres de diferentes países competem para ver quem é a mais bonita do mundo? Elas usam roupas lindas e fazem desfiles para ganhar a coroa. Hoje, vamos conhecer a história de uma mulher na Bíblia que também participou de um concurso de beleza, mas o que fez dela uma verdadeira heroína foi a coragem e o amor que ela mostrou ao ajudar seu povo. Vamos descobrir juntos como podemos ser bonitos por dentro, com coragem e bondade.

DEVOCIONAL 27

POR DENTRO DA HISTÓRIA

Há muito tempo, havia uma jovem chamada Ester que vivia na cidade de Susã. Ela era uma moça hebreia, muito bonita, e participou de um concurso de beleza que o rei da Pérsia realizou para encontrar uma nova rainha. Depois de um ano de preparação e cuidados com a pele e os cabelos, Ester foi escolhida entre tantas outras moças para ser a rainha e esposa do rei Xerxes.

Mas o mais incrível dessa história não é isso; mesmo sendo rainha e vivendo em um palácio maravilhoso, Ester nunca se esqueceu de quem era e de quem era Deus. Ela sabia que Deus estava com ela, ajudando-a a ser corajosa e bondosa. Um dia, um homem mau chamado Hamã planejou fazer algo muito ruim para o povo de Deus, os judeus. Ester teve que escolher: ficar quieta e deixar seu povo sofrer ou ser corajosa e pedir ao rei que os salvasse.

Ela sabia que precisava agir com coragem, mas falar com o rei poderia ser perigoso. Se alguém entrasse na sala dele sem ser chamado, poderia ser punido com a morte. No entanto, Ester confiava em Deus e decidiu agir. Ela pediu a todos os judeus que orassem e jejuassem por três dias. Então, com determinação, ela foi até o rei, mesmo ciente dos riscos.

Quando Ester entrou na sala do rei, ele percebeu sua coragem e o amor que ela tinha pelo seu povo. Ele estendeu o cetro para ela, sinalizando que era bem-vinda. Ester, de forma sábia e respeitosa, convidou o rei para um banquete junto com Hamã, onde revelou o plano maligno de Hamã e pediu que o rei protegesse os judeus.

O rei ficou surpreso e triste ao ouvir sobre o plano de Hamã. Ele ouviu Ester e decidiu proteger os judeus, punindo Hamã e garantindo a salvação do povo de Deus. Assim, a coragem de Ester e sua confiança em Deus mostraram que a verdadeira beleza vem de um coração disposto a ajudar, refletindo uma beleza interior.

DAQUI PRA FRENTE

A história de Ester nos mostra que a verdadeira beleza não está apenas em como somos por fora, mas no que temos por dentro e nas coisas boas que fazemos pelos outros. Ester teve muita coragem quando foi falar com o rei para salvar o seu povo, mesmo sabendo que isso podia ser perigoso.

Essa coragem é um exemplo de beleza que vem de dentro de nós. Quando passamos por momentos difíceis, podemos ser corajosos e fazer o que é certo, mesmo que isso seja difícil ou assuste a gente. Por exemplo, você pode ser corajoso ajudando um amigo que está triste ou dizendo a verdade mesmo quando é difícil.

A beleza interior também aparece quando usamos palavras gentis e amáveis com as pessoas ao nosso redor, porque as palavras podem ser como um abraço que faz as pessoas se sentirem felizes, que mostram que nos importamos com os outros, assim como Ester usou palavras gentis com o rei.

Você também pode mostrar beleza interior ajudando quem está ao seu redor. Fazendo pequenas boas ações, como dividir um brinquedo ou ajudar com uma tarefa em casa, você pode mostrar que se preocupa com os outros e com o que Deus quer que você faça. Essas atitudes de coragem, bondade e amor mostram a beleza que Deus colocou em nosso coração.

NÃO SE ESQUEÇA

A história de Ester mostra que a verdadeira beleza vem de dentro de nós. Ela teve coragem e usou palavras amáveis para ajudar seu povo e isso fez dela uma verdadeira rainha aos olhos de Deus. Lembre-se sempre de que ser gentil, corajoso e amoroso é a melhor maneira de mostrar a beleza que Deus colocou no seu coração. Com a ajuda de Deus, você também pode ser uma pessoa linda por dentro!

DEVOCIONAL 27

OPA!

ORAR

"Querido Deus, obrigado por nos mostrar a coragem de Ester. Ajude a gente a ser corajoso e a fazer coisas boas para ajudar os outros. Ensina a gente a ser gentil e a mostrar amor. Queremos ter uma beleza que vem de dentro do coração. Amém!"

PERGUNTAR

1. O que Ester fez para ajudar o povo judeu, mesmo sabendo que podia ser perigoso?
2. O que você pode fazer para mostrar a beleza que vem de dentro no seu dia a dia?

AGIR

Que tal fazerem juntos um "Desafio da Beleza Interior"? Para aprender que a verdadeira beleza vem de dentro do coração, assim como Ester mostrou, cada pessoa vai pegar um cartão com um desafio e fazer o que está escrito, como "Diga algo legal para um membro da família", "Ajude alguém com uma tarefa". Depois, cada um vai contar para a família o que fez e como se sentiu. No final, todos celebram juntos com uma pequena festa e uma oração, lembrando que ser corajoso e bondoso é a verdadeira beleza!

LIÇÃO

"A melhor maneira de mostrar a nossa beleza interior é ajudando aqueles que estão ao nosso redor."

DEVOCIONAL 28

CRESCER DÓI!

JÓ 42:10-12

"Depois que Jó orou pelos seus amigos e os perdoou, Deus fez coisas maravilhosas na vida dele. Deus deu a Jó ainda mais do que ele tinha antes, como se Ele tivesse duplicado todas as suas riquezas! Todos os irmãos, irmãs e amigos de Jó vieram à casa dele e fizeram uma grande festa para comemorar. Eles pediram desculpas por terem julgado Jó e ajudaram a alegrar o coração dele. Cada um trouxe um presente para celebrar e mostrar que estavam felizes por ver Jó de volta a uma vida boa. Deus abençoou a vida de Jó de uma forma incrível, mais do que antes de tudo o que aconteceu com ele."

PARA COMEÇAR

Você já ouviu falar de alguém que é muito bom e mesmo assim enfrenta muitos problemas? Às vezes, pode parecer que só pessoas que fazem coisas erradas têm problemas, mas isso não é verdade. Hoje, vamos aprender sobre um homem da Bíblia que era uma pessoa muito boa, mas passou por momentos difíceis e tristes. Vamos ver o que ele nos ensina sobre confiar em Deus mesmo quando tudo parece dar errado.

DEVOCIONAL 28

POR DENTRO DA HISTÓRIA

Há muito tempo, havia um homem chamado Jó que vivia na terra de Uz. Jó era uma pessoa boa, que amava a Deus e sempre fazia o bem. Ele era conhecido por sua honestidade, bondade e justiça, e tinha uma família feliz, além de muitas riquezas.

Um dia, Deus estava conversando com os anjos quando Satanás apareceu e desafiou a fé de Jó. Ele disse que Jó só era fiel porque tinha uma vida boa. Deus, então, permitiu que Satanás testasse Jó, mas com a condição de que não tirasse sua vida.

Logo, Jó enfrentou grandes tragédias: perdeu suas riquezas, e seus filhos morreram em um desastre. Além disso, ele ficou gravemente doente, com feridas dolorosas. Seus amigos vieram visitá-lo, mas, em vez de confortá-lo, acharam que ele deveria ter feito algo errado para merecer tanta tristeza.

Mesmo diante de tantas dificuldades e da pressão de sua esposa, que o aconselhou a desistir, Jó manteve sua fé inabalável. Ele declarou: "O Senhor deu, o Senhor tirou; bendito seja o nome do Senhor." Jó não perdeu a esperança e continuou confiando em Deus.

No final, Deus viu a fé de Jó e decidiu restaurá-lo. Ele devolveu suas riquezas, deu-lhe uma nova família e o abençoou com ainda mais do que tinha antes.

DAQUI PRA FRENTE

A história de Jó nos ensina que, mesmo quando passamos por momentos difíceis, Deus está sempre conosco. Jó manteve sua fé em Deus mesmo quando estava sofrendo, e Deus o abençoou ainda mais por Sua infinita misericórdia.

Quando enfrentamos desafios, como um familiar doente ou dificuldades nas finanças da família, podemos lembrar que Deus está conosco e que Ele nos ajuda a enfrentar qualquer situação. Às vezes, um colega pode até pensar que estamos passando por problemas porque fizemos algo errado, mas a verdade é que nossos desafios são oportunidades para crescer em nossa fé, conhecer ainda mais a Deus e aprender a confiar mais Nele.

Podemos orar a Deus, conversar com nossos pais ou amigos sobre o que estamos passando e lembrar que Deus está sempre conosco, até nas dificuldades. Além disso, mesmo quando estamos tristes, podemos continuar a ser gentis e amorosos com os outros, assim como Deus é conosco.

NÃO SE ESQUEÇA

A história de Jó mostra que mesmo quando passamos por momentos difíceis, Deus está sempre conosco, ajudando-nos a ser fortes e corajosos. Jó enfrentou muita dor, mas ele nunca deixou de confiar em Deus, e Deus abençoou ele ainda mais no final. Lembre-se de que, você pode ter fé em Deus mesmo nas dificuldades, sabendo que Ele está ao seu lado para ajudar e cuidar de você.

DEVOCIONAL 28

OPA!

ORAR

"Querido Deus, obrigado por sempre estar ao nosso lado, mesmo quando passamos por momentos difíceis e tristes. Ajude-nos a confiar em Ti e a lembrar que a dor pode ser uma oportunidade para crescer e conhecer mais sobre o Seu amor. Ensine-nos a ser gentis e amorosos, mesmo quando estamos enfrentando problemas, e nos ajude a ver que, em qualquer situação, Você está conosco. Amém!"

PERGUNTAR

1. O que Jó fez quando seus amigos e sua esposa disseram coisas difíceis para ele?
2. Como você pode mostrar fé e confiança em Deus quando você está passando por um momento difícil?

AGIR

Para entender como crescer pode ser desafiador, e ao mesmo tempo gratificante, vocês vão escolher um desafio novo e divertido para fazer juntos como família. Pode ser algo que vocês nunca fizeram antes, como aprender um esporte novo, fazer um projeto de artesanato ou até mesmo cozinhar uma receita diferente. O importante é enfrentar a atividade com coragem e paciência, conversando sobre como os desafios podem nos ajudar a crescer e aprender, assim como Jó cresceu em fé durante suas dificuldades. Ao final, compartilhem o que aprenderam e como isso pode se relacionar com a história de Jó.

LIÇÃO

"Os desafios que enfrentamos são oportunidades para aumentarmos a nossa fé e aprendermos a confiar mais em Deus."

FUGIR? PRA QUÊ?

JONAS 1:1-3

"Muito tempo atrás, Deus falou com um homem chamado Jonas. Deus disse a Jonas: 'Vá correndo para a grande cidade de Nínive e diga às pessoas que mudem seus caminhos, porque vejo a maldade que elas estão fazendo e não posso mais ignorar.' Mas Jonas não quis ir para Nínive. Ele decidiu fugir do que Deus havia pedido. Jonas foi até o porto da cidade de Jope e encontrou um navio que estava indo para Társis, um lugar bem longe de Nínive. Ele comprou uma passagem e embarcou, querendo ir o mais longe possível de onde Deus o mandou."

PARA COMEÇAR

Você já esperou por algo muito importante? Às vezes, precisamos aguardar por coisas que desejamos muito, como um presente ou uma viagem divertida. Mas será que é fácil esperar? Hoje, vamos aprender sobre um profeta da Bíblia que também precisou esperar por algo muito especial e como ele encontrou alegria mesmo nesse tempo de espera. Vamos descobrir juntos como podemos confiar em Deus enquanto esperamos!

DEVOCIONAL 29

POR DENTRO DA HISTÓRIA

Há muito tempo, havia um homem chamado Jonas, que era um profeta de Deus. Um profeta é alguém que fala em nome de Deus e conta às pessoas o que Ele quer dizer. Um dia, Deus disse a Jonas para ir à cidade de Nínive e avisar às pessoas que precisavam mudar seus caminhos e pedir perdão por suas ações erradas. Mas Jonas não queria ir a Nínive, pois sabia que o povo era muito mau e havia feito mal ao povo de Israel. Ele ficou com medo de que, se fossem alertados, os ninivitas se arrependessem e Deus os perdoasse.

Decidido a fugir, Jonas pegou um barco e foi para o mar, pensando que poderia escapar de Deus. Mas quem fez o mar? Foi Deus! Então, Jonas estava tentando fugir de Deus em um lugar que Deus mesmo criou. Não havia nenhum lugar onde ele pudesse se esconder, porque Deus é o Criador de tudo!

Na mesma hora, Deus enviou uma grande tempestade que balançava o barco de um lado para o outro. Os marinheiros ficaram com medo e oraram para seus próprios deuses, mas a tempestade não parava. Quando Jonas viu a tempestade, soube que era culpa dele. Então, ele pediu aos marinheiros que o jogassem ao mar, e foi o que eles fizeram.

Quando Jonas caiu na água, Deus mandou um grande peixe para engoli-lo, e o peixe o segurou por três dias e três noites. Dentro do peixe, Jonas orou a Deus e pediu perdão por ter tentado fugir. Ele percebeu que, mesmo em situações difíceis, Deus estava sempre com ele.

Depois de três dias, Deus mandou o peixe vomitar Jonas na praia. Finalmente, Jonas decidiu ir para Nínive. Ele contou às pessoas sobre Deus e pediu que se arrependessem dos seus erros. E adivinha só? As pessoas ouviram Jonas, se arrependeram e mudaram seus caminhos! Deus ficou feliz com a mudança e poupou a cidade de Nínive.

DAQUI PRA FRENTE

A história de Jonas nos ensina que não podemos fugir dos planos de Deus para nossas vidas, porque Deus está em todos os lugares e nos ama muito. Às vezes, quando temos medo ou não queremos fazer algo, podemos tentar fugir ou nos esconder, mas Deus está sempre conosco e nos dá uma nova chance de seguir Seus caminhos.

Quando você se sentir com medo de enfrentar algo ou quiser fugir de uma responsabilidade, lembre-se de que Deus está sempre ao seu lado. Se você estiver com dificuldades na escola ou não souber como ajudar um amigo, ore a Deus e peça coragem e ajuda. E, assim como Jonas teve uma nova chance, você também pode pedir a Deus para te ajudar a enfrentar qualquer desafio.

A história de Jonas também nos mostra que, mesmo quando cometemos erros, Deus está disposto a nos perdoar e nos dar uma nova chance para fazer a coisa certa. Então, quando você enfrentar uma dificuldade, lembre-se de que Deus está sempre com você, pronto para te ajudar e te guiar.

NÃO SE ESQUEÇA

Não adianta tentar fugir de Deus, porque Ele está sempre conosco e nos dá novas oportunidades para seguir Seus planos. Mesmo quando temos medo ou não sabemos o que fazer, Deus está ao nosso lado, cuidando de nós e nos dando forças para enfrentar qualquer situação. Lembre-se de que você nunca está sozinho e que Deus sempre está pronto para te ajudar.

DEVOCIONAL 29

OPA!

ORAR

"Querido Deus, às vezes, eu sinto medo ou não quero fazer as coisas que você me pede. Ajuda-me a lembrar que não posso fugir de Ti e que Você está sempre comigo, mesmo nos momentos difíceis. Obrigado por me dar novas chances e me ajudar a seguir o que é certo. Amém."

PERGUNTAR

1. Por que Jonas tentou fugir para o mar quando Deus lhe deu uma tarefa?
2. O que você pode fazer quando se sentir com medo de enfrentar um desafio ou uma responsabilidade, de acordo com a história de Jonas?

AGIR

Para lembrar da história de Jonas e como ele finalmente obedeceu a Deus, a sua família pode fazer um projeto de "Cartinhas de encorajamento". Reúnam-se e escrevam ou desenhem mensagens de amor e esperança para compartilhar com pessoas que precisam de uma palavra amiga, como na vizinhança, no parque ou para amigos e familiares. Cada cartinha pode falar sobre o amor de Deus, oferecer uma palavra de apoio ou simplesmente desejar um "bom dia". Quando vocês entregarem essas cartinhas, podem também falar que Deus ama aquela pessoa!

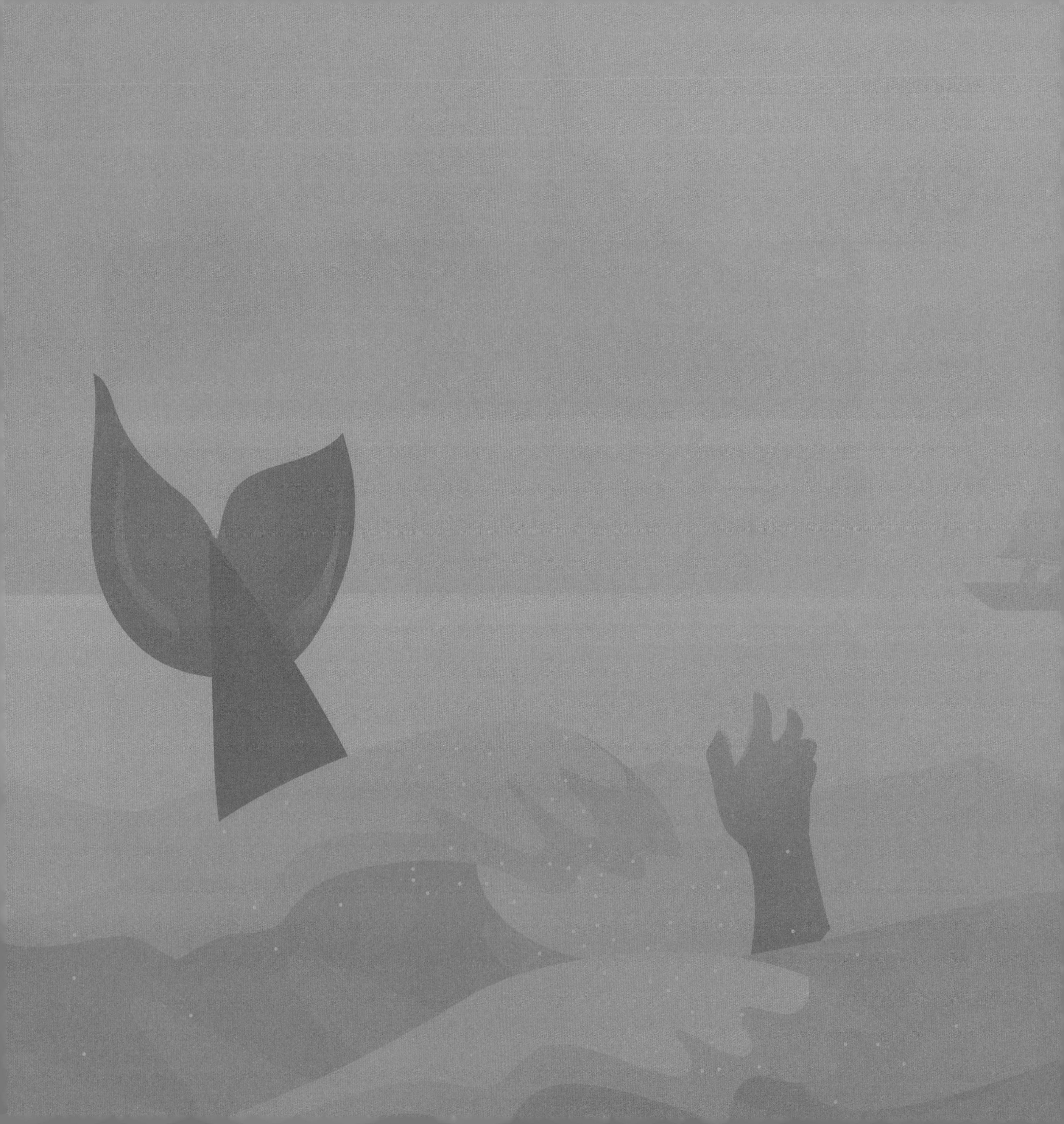

LIÇÃO

"Mesmo quando sentimos medo e desejamos fugir, Deus nos oferece uma nova oportunidade de seguirmos na direção certa."

DEVOCIONAL 30

ELE ESTÁ PREPARANDO ALGO BOM!

HABACUQUE 3:17

"Mesmo que não haja figos na figueira e as uvas na videira não cresçam, mesmo que não tenha azeitonas para comer e os campos de trigo estejam vazios, mesmo que não haja ovelhas no curral e não tenha gado na estrebaria, ainda assim, podemos cantar e louvar a Deus com alegria!"

PARA COMEÇAR

Você já esperou por algo muito importante? Às vezes, precisamos aguardar por coisas que desejamos muito, como um presente ou uma viagem divertida. Mas será que é fácil esperar? Hoje, vamos aprender sobre um profeta da Bíblia que também precisou esperar por algo muito especial e como ele encontrou alegria mesmo nesse tempo de espera. Vamos descobrir juntos como podemos confiar em Deus enquanto esperamos!

POR DENTRO DA HISTÓRIA

Há muito tempo, havia um homem chamado Habacuque que era um profeta de Deus. Mas, ao contrário de muitos profetas, Habacuque não estava apenas contando as coisas boas que Deus faria. Ele estava vivendo em um tempo difícil e triste para o povo de Deus.

Habacuque viu que as pessoas estavam se comportando mal e que a cidade estava cheia de problemas. Ele ficou triste e questionou a Deus, perguntando por que Ele não estava fazendo nada para ajudar. Deus respondeu a Habacuque, dizendo que as coisas iam mudar e que um dia, a justiça e a paz voltariam.

Mesmo assim, Habacuque aprendeu algo muito importante: ele descobriu que mesmo quando a vida é difícil e parece que tudo está indo mal, podemos encontrar alegria e esperança em Deus. Ele usou uma imagem muito forte para mostrar isso.

Habacuque aprendeu algo muito importante sobre esperar em Deus. Ele usou uma imagem para mostrar isso, dizendo que, mesmo que não houvesse figos na figueira e as uvas na videira não amadurecessem, mesmo que não houvesse azeitonas para comer e os campos de trigo não produzissem nada, mesmo que não houvesse ovelhas no curral e nem gado na estrebaria, ele ainda se alegraria em Deus e acreditaria que um novo tempo de paz viria.

DAQUI PRA FRENTE

A história de Habacuque nos ensina a esperar em Deus, mesmo quando estamos passando por tempos difíceis. Às vezes, você pode estar triste por causa de um amigo que não está bem, um familiar doente ou até mesmo problemas em casa. Mas, assim como Habacuque encontrou alegria em Deus, você também pode encontrar força e esperança Nele.

Quando você estiver enfrentando dificuldades, lembre-se dos figos, das uvas, das azeitonas, do trigo, das ovelhas e do gado. Mesmo que as coisas boas não estejam acontecendo agora, você pode se alegrar em Deus e confiar que Ele tem um plano bom para sua vida. Ore a Deus, converse com seus pais e diga o que você está sentindo e lembre-se que Deus está sempre com você, mesmo nos tempos difíceis.

NÃO SE ESQUEÇA

Saiba que, mesmo quando as coisas não estão boas e enfrentamos dificuldades, podemos confiar em Deus e ter esperança de que dias melhores virão. Precisamos encontrar alegria nEle, lembrando que Deus está sempre cuidando de nós e trazendo mudanças para o nosso bem, mesmo nos momentos desafiadores.

DEVOCIONAL 30

OPA!

ORAR

"Querido Deus, ajuda-nos a esperar em Ti mesmo quando as coisas estão difíceis. Ensina-nos a encontrar alegria em Ti e a confiar que Tu tens um plano bom para nossas vidas. Amém."

PERGUNTAR

1. O que Habacuque disse que faria se a figueira não produzisse figos, se a videira não produzisse uvas ou até mesmo se no curral não houvesse mais gados?
2. Como você pode encontrar alegria e esperança em Deus quando enfrenta dificuldades na sua vida?

AGIR

Uma maneira divertida de praticar o que aprenderam na história de Habacuque é se reunir em família para fazer um bolo, cookies ou torta! Depois de ir ao forno, e enquanto esperam ficar pronto, conversem sobre o que mais impressionou na história e como a espera pode ser divertida. Aproveitem o tempo juntos, lembrando que as melhores coisas da vida vêm para aqueles que têm paciência!

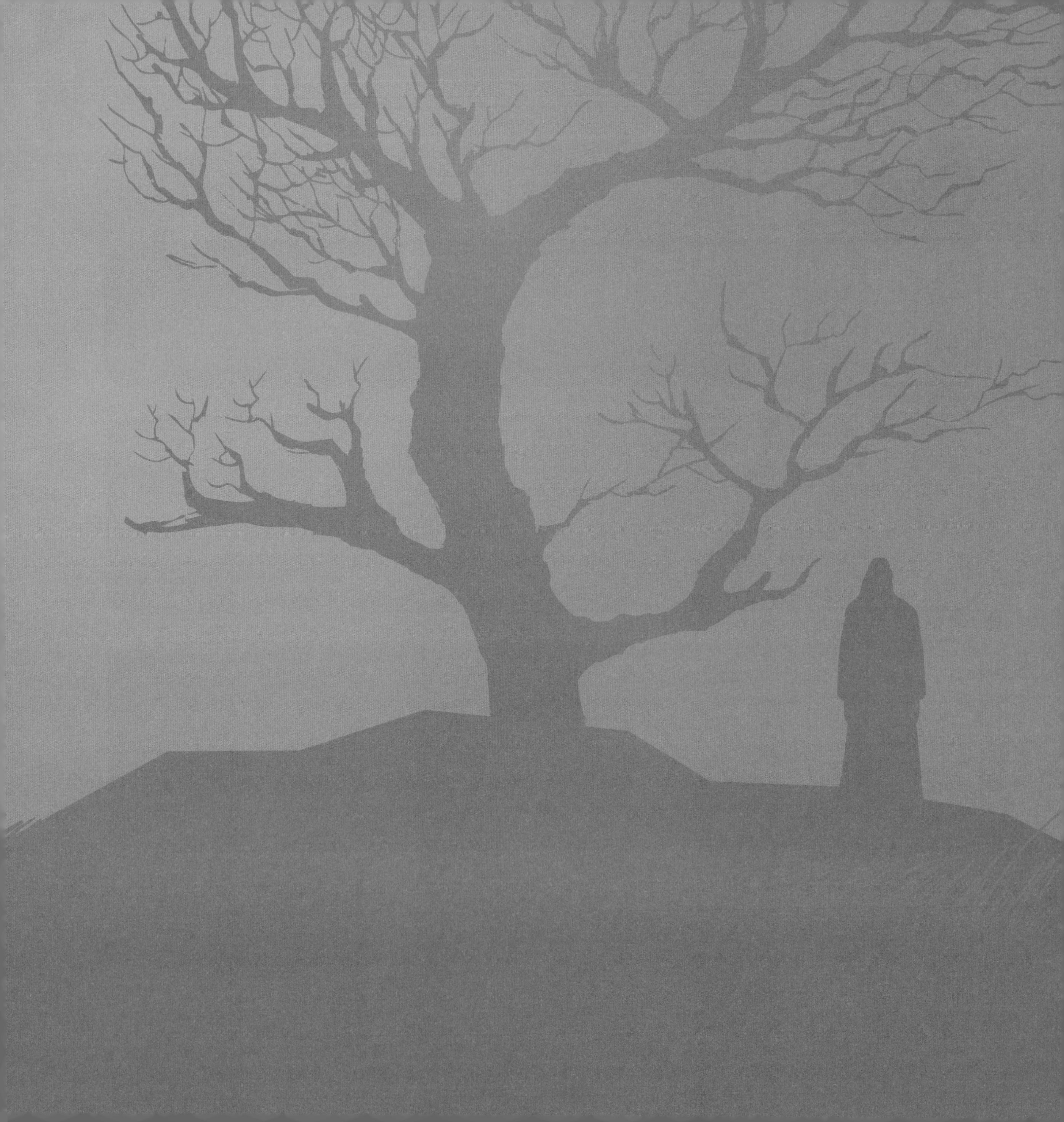

LIÇÃO

"Ainda que as coisas boas pareçam distantes, podemos nos alegrar em Deus, pois Ele sempre tem um plano melhor."

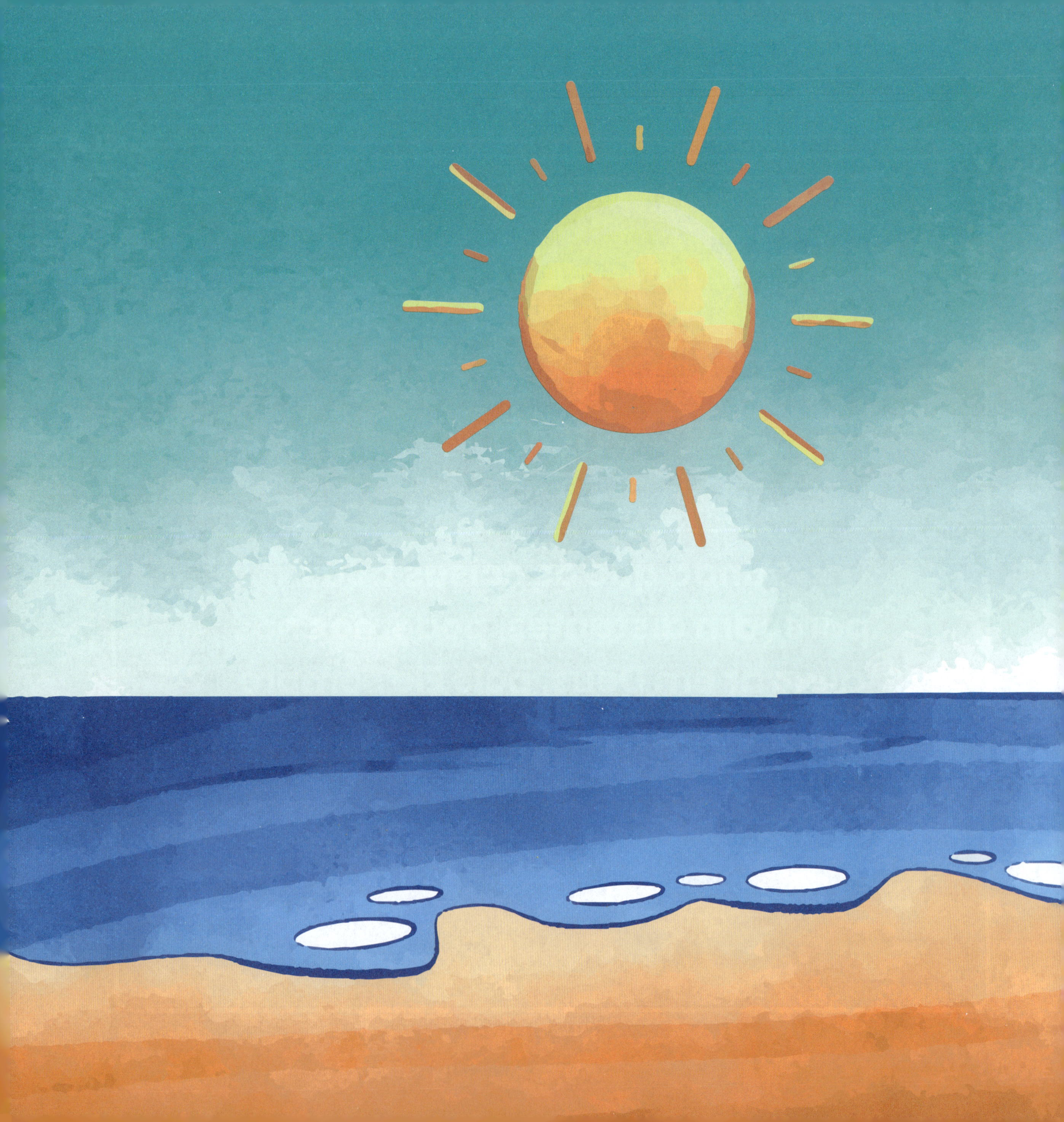

BEM-VINDOS AO VERÃO!

No Verão, o Sol brilha forte, e é quando celebramos a chegada de Jesus, o "Sol da Justiça" que trouxe luz e calor para todos nós. Vamos explorar como Sua vinda ao mundo foi um evento incrível, mais maravilhoso do que qualquer outro, e como Ele nos mostrou o amor de Deus de maneira profunda e pessoal. Veremos Sua vida, Seu sacrifício na cruz e a promessa de Sua volta para nos levar ao céu. Assim como o verão nos enche de alegria e energia, a vida de Jesus nos enche de esperança e nos prepara para um futuro brilhante. Vamos celebrar a boa notícia de que Jesus está sempre conosco e nos guia para a eternidade.

DEVOCIONAL 31

O SOL AINDA ESTÁ LÁ!

LUCAS 2:6-7

"Enquanto Maria e José estavam na cidade de Belém, chegou o momento em que Maria iria ter o bebê. Com muito carinho, ela envolveu o menino em panos macios e o colocou em uma manjedoura, o lugar onde os animais costumavam comer. Assim nasceu o Menino Jesus, o Salvador do mundo!"

PARA COMEÇAR

Você já reparou que o Sol está presente em todos os dias do verão? É verdade que em alguns dias não conseguimos enxergá-lo, talvez porque as nuvens o cobriram, por exemplo. Porém, mesmo quando as nuvens cobrem o Sol, sabemos que ele sempre está lá, trabalhando, fazendo o seu papel, e, principalmente, cumprindo a sua função, que é iluminar o dia. A Bíblia conta que houve um tempo, muitos anos atrás, no qual as pessoas estavam em dúvida se Deus ainda cumpriria a Sua maior promessa, que era enviar um Salvador para trazer esperança ao mundo. O dia para aquelas pessoas parecia meio nublado, sabe? Elas não conseguiam ver direito se Deus ainda estava lá. Isso fez com que eles ficassem em dúvida se Deus cumpriria sua promessa ou não. Vamos descobrir juntos o final dessa história?

POR DENTRO DA HISTÓRIA

Há mais de dois mil anos, o mundo enfrentava um período difícil. Deus costumava falar com Seu povo por meio de profetas, reis e sacerdotes, dando instruções sobre como viver. No entanto, as pessoas frequentemente desobedeciam.

Durante um tempo chamado "silêncio de Deus", Ele ficou 400 anos sem se comunicar com o povo, deixando-os tristes e preocupados, questionando se ainda se importava com eles. Mas Deus nunca deixou de cumprir Suas promessas. Ele havia prometido enviar um Salvador para trazer esperança e salvar a humanidade de uma vez por todas — e assim fez.

Um anjo apareceu a Maria, uma jovem de Nazaré, e disse: "Maria, você vai ter um bebê e deve chamá-Lo de Jesus. Ele será o Filho de Deus e trará paz e salvação ao mundo!"

Surpreendida, Maria acreditou na promessa e respondeu: "Que aconteça conforme a Sua palavra." Assim, Maria engravidou.

Pouco depois, Maria e José viajaram para Belém, mas não encontraram lugar para se hospedar. Encontraram um estábulo e passaram a noite lá, onde Jesus nasceu. Naquela noite, uma estrela brilhou intensamente e anjos anunciaram o nascimento de Jesus aos pastores próximos, dizendo: "Hoje nasceu o Salvador! Ele é Cristo, o Senhor!".

Os pastores encontraram Maria, José e o bebê Jesus, e saíram espalhando a notícia, alegrando todos que a ouviam. O nascimento de Jesus trouxe uma nova esperança ao mundo. Mesmo com a desobediência do passado, a promessa de um Salvador se cumpriu, trazendo paz para todos.

DAQUI PRA FRENTE

A história do nascimento de Jesus nos ensina que, mesmo quando as coisas parecem difíceis e Deus parece estar em silêncio, podemos confiar que Ele sempre está trabalhando para o bem de todos. Às vezes, podemos estar passando por momentos difíceis em nossa vida, com dúvidas e incertezas, talvez com um problema na escola ou até mesmo em casa. Com isso, podemos pensar que Deus não está ouvindo nossas orações, como aquelas pessoas também estavam pensando, mas Deus sempre nos ouve.

Acreditar nas promessas de Deus é confiar que Ele está trabalhando, mesmo quando não conseguimos ver. Jesus está com a gente todos os dias, e isso nos dá coragem para enfrentar qualquer situação. Quando você se sentir triste ou desanimado, lembre-se de que Jesus é a nossa esperança e que Deus sempre cumpre suas promessas. O nascimento de Jesus é um lembrete de que, mesmo em meio às dificuldades, sempre há uma nova esperança e um amanhã melhor com Deus.

NÃO SE ESQUEÇA

Mesmo em tempos de silêncio e dificuldades, Deus está trabalhando em nossa vida. Por meio de Jesus, Deus trouxe esperança para os nossos corações e salvação para as nossas vidas. Lembre-se sempre de que, assim como o sol brilha diariamente no verão, Deus está diariamente ao nosso lado cumprindo suas promessas, ainda que a gente não consiga ver.

DEVOCIONAL 31

OPA!

ORAR

"Querido Deus, obrigado por cumprir sua promessa, enviar Jesus para ser o nosso Salvador e trazer esperança ao mundo. Nos ajude a confiar em Ti e a lembrar que, mesmo quando as coisas estiverem difíceis, o Senhor sempre vai estar ao nosso lado. Em nome de Jesus, Amém!"

PERGUNTAR

1. O que o anjo disse para Maria sobre o bebê que ela iria ter?
2. De que maneira a história de Jesus pode te ajudar a ter fé e acreditar nas promessas de Deus, mesmo quando você não consegue ver uma solução para os seus problemas?

AGIR

Para memorizar as promessas sobre a vinda de Jesus, que tal fazer uma "Busca pelas Promessas" em família? Peguem a Bíblia e descubram quantas vezes o profeta falou sobre a chegada do Messias. Há seis versículos importantes que prometem isso: comecem em Isaías 7:14, depois procurem em 9:6-7, 11:1-2, 42:1, 53:3-5 e 61:1-2. Escrevam cada um desses versículos em papéis coloridos e montem um mural das promessas de Deus na parede. Enquanto buscam, lembrem-se de que, assim como essas promessas se tornaram realidade com o nascimento de Jesus, podemos confiar que Deus cumpre Suas promessas em nossa vida também!

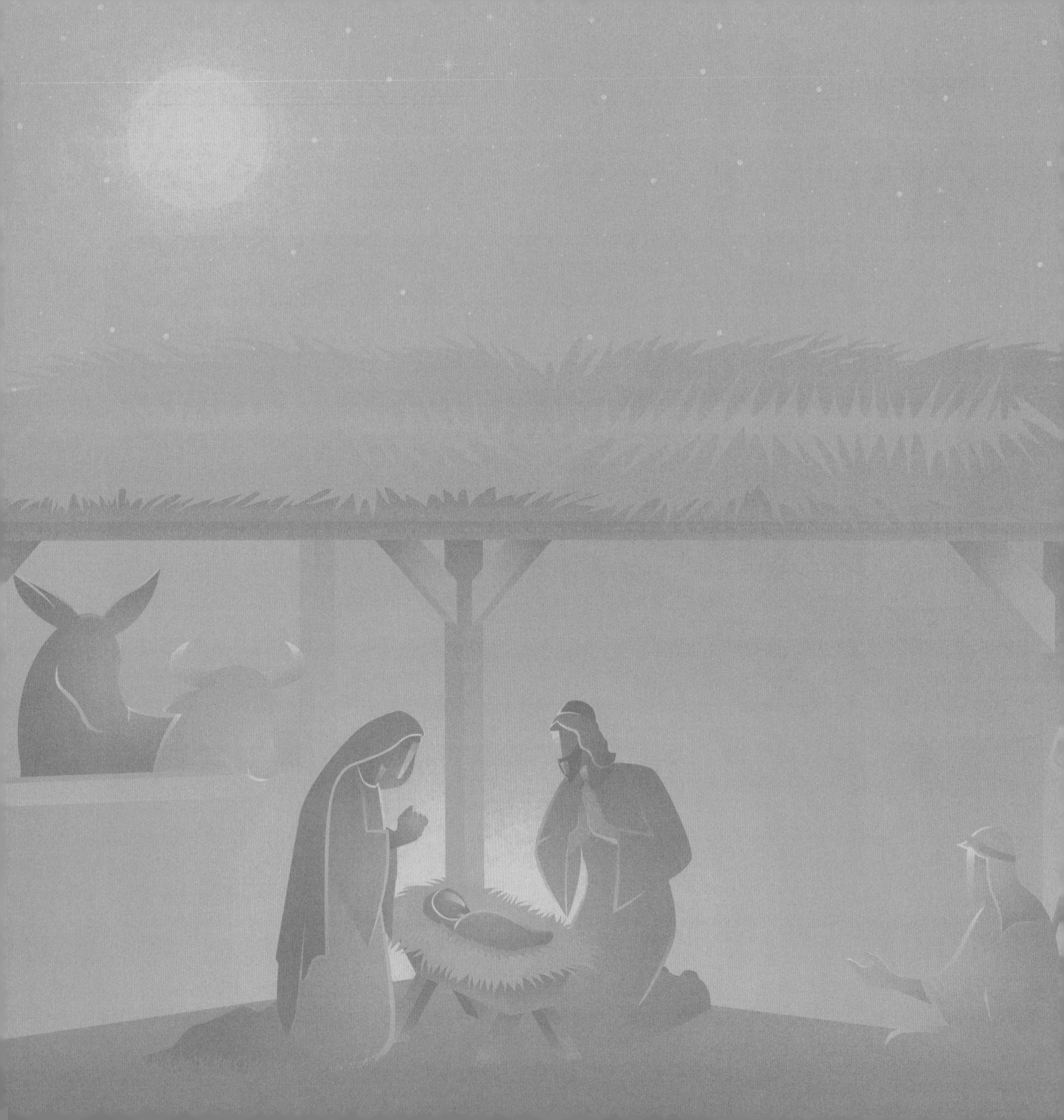

LIÇÃO

"Acreditar nas promessas de Deus é confiar que Ele está trabalhando, mesmo quando não conseguimos ver."

DEVOCIONAL 32

TUDO TEM SEU TEMPO!

MATEUS 3.13-15

"Um dia, Jesus estava vindo de um lugar chamado Galileia e foi até o Rio Jordão. Ele queria que João Batista o batizasse, mas João achou estranho e disse: 'Sou eu quem deveria ser batizado por você, e não eu te batizar!'. Jesus respondeu: 'João, você precisa me batizar. Deus esperou muito tempo para que esse momento chegasse, e agora é hora de fazê-lo'. Então, João fez o que Jesus pediu e o batizou no Rio Jordão."

PARA COMEÇAR

Eu amo ir à festas de aniversário. A gente se prepara, marca na agenda, compra o presente, coloca nossa melhor roupa, esperamos o dia certo chegar, e então vamos para a festa. Não é assim? Agora, imagina só, você e sua família se arrumam, ficam lindos e cheirosos, pegam o presente do aniversariante, vão até o local da festa com muita alegria e expectativa para dar os parabéns e celebrar aquela data tão especial, porém chegando lá, percebem que erraram a data, a festa não é naquele dia. Nossa, é muito decepcionante não é mesmo? Assim como uma festa de aniversário tem o dia certo para acontecer, e as estações do ano possuem a data certa para iniciarem, existem muitas coisas em nossa vida que também precisamos esperar o dia certo. Uma delas é o batismo. Hoje, vamos aprender sobre o batismo de Jesus e como Ele nos mostra a importância de obedecer a Deus em todo o tempo!

POR DENTRO DA HISTÓRIA

Há muito tempo, a Bíblia conta que Jesus foi batizado por João Batista no Rio Jordão. João Batista era um homem que batizava as pessoas na água para mostrar que elas estavam se arrependendo dos seus pecados e decidindo a partir daquele momento seguirem a Deus. Quando Jesus foi ao Rio Jordão, Ele fez uma coisa incrível: mesmo sendo o Filho de Deus, e não tendo pecados, Ele foi batizado. Com essa decisão, ele queria poder se identificar com as pessoas e dar a elas um exemplo de humildade e obediência a Deus. Jesus explicou que era importante fazer isso porque Deus já tinha planejado e preparado tudo para que aquele momento acontecesse.

Quando Jesus saiu da água, algo maravilhoso aconteceu. O céu se abriu, e o Espírito Santo desceu sobre Ele na forma de uma pomba, e uma voz do céu disse: "Este é o Meu Filho amado, em quem me agrado." Esse momento mostrou que Jesus estava começando Sua missão de salvar o mundo e nos deu um grande exemplo do que significa o batismo: um sinal externo do que Deus fez dentro de nós.

Jesus não se apressou para começar Seu ministério antes da hora certa. Ele esperou e fez exatamente o que Deus pediu a Ele. E quando chegou o momento certo, o dia certo, Jesus foi batizado para mostrar que estava pronto para começar a missão que Deus tinha para Ele.

DEVOCIONAL 32

DAQUI PRA FRENTE

O batismo é um passo importante na nossa vida com Deus, mas não é algo que precisamos fazer depressa. Assim como o Sol espera a hora certa para nascer no verão, e assim como Jesus esperou o momento certo para ser batizado, também precisamos esperar o momento certo para cada coisa.

Às vezes, podemos ter pressa para fazer as coisas ou queremos fazer tudo de uma vez, mas Deus nos ensina a esperar e a obedecer a Ele, para que possamos fazer tudo no tempo certo. Por exemplo, se você está se preparando para uma prova importante, pode ser difícil esperar até o dia da prova, mas você precisa estudar e se preparar bem. Ou, se você está ansioso para aprender algo novo, como andar de bicicleta sem rodinhas, é importante praticar e esperar pelo momento certo para conseguir retirar as rodinhas.

O batismo é um sinal de que você está pronto para seguir Jesus e viver uma nova vida com Ele. Quando a hora certa chegar, você se sentirá preparado e será um momento muito especial na sua vida com Deus. Enquanto isso, manter o desejo de ser batizado vivo em nosso coração é fundamental. Assim como Jesus teve paciência e se preparou para o momento de Seu batismo, nós também devemos cultivar nossa fé e compromisso com Deus diariamente. Podemos fazer isso, orando, estudando a Palavra de Deus, indo a igreja com frequência, servindo as pessoas, e buscando crescer espiritualmente. Quando mantemos esse desejo vivo, estamos demonstrando nossa confiança em Deus, e sabemos que Ele está trabalhando em nós, e nos preparando para viver a sua vontade por completo. Quando chegar o momento certo, nosso coração estará pronto para esse passo de fé e obediência.

NÃO SE ESQUEÇA

O batismo de Jesus nos ensina que é importante obedecer a Deus e esperar pelo moment certo para tomarmos as decisões em nossa vida, fazendo isso com responsabilidade e cuida do. Assim como cada estação do ano tem o tempo certo para aparecer, Jesus esperou o mo mento certo para se batizar. E agora, podemos seguir o exemplo de Jesus, e sempre esperar melhor hora para fazermos nossas escolhas e tomarmos nossas decisões.

DEVOCIONAL 32

OPA!

ORAR

"Querido Deus, obrigado por nos mostrar, por meio do batismo de Jesus, como é importante obedecer ao Senhor e esperar pelo momento certo para tomar as melhores decisões. Ajude-me a confiar em Seu plano e a esperar com paciência para seguir a Sua vontade. Em nome de Jesus, Amém!"

PERGUNTAR

1. O que aconteceu quando Jesus foi batizado no Rio Jordão?
2. Como você pode seguir o exemplo de Jesus e aprender a esperar pelo momento certo para coisas especiais, como o batismo?

AGIR

Vamos plantar uma sementinha e cuidar dela para lembrar que, assim como precisamos esperar pacientemente pela planta crescer, Jesus também esperou o momento certo para ser batizado e fazer o que Deus queria. Cada um de vocês pode colocar uma sementinha em um vaso com terra, regar e cuidar dela, observando como ela cresce devagarinho. Essa atividade vai nos ensinar a esperar e confiar no tempo de Deus, mostrando que tudo tem o seu momento certo para acontecer!

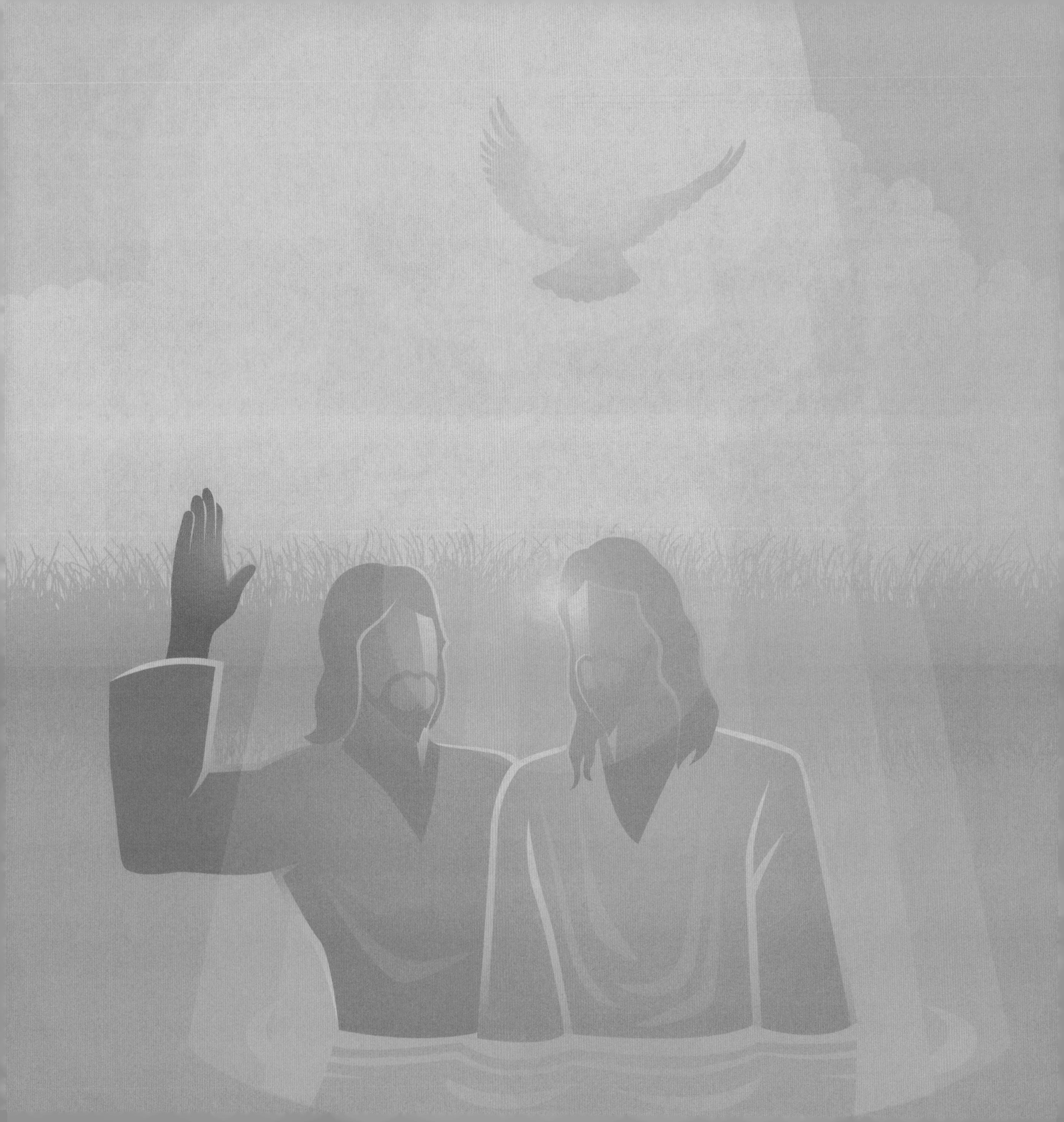

LIÇÃO

"Esperar o tempo certo para cada coisa em nossas vidas nos leva a desfrutar das maravilhas que Deus preparou para nós."

A DECISÃO CERTA!

MATEUS 4:1-2

"Depois que Jesus foi batizado, Ele foi levado pelo Espírito Santo para um deserto. Lá, Jesus enfrentaria um grande teste, pois o Diabo queria ver se Ele obedeceria a Deus de verdade. Para se preparar para o teste, Jesus passou quarenta dias e quarenta noites sem comer e usou esse tempo para se aproximar mais de Deus."

PARA COMEÇAR

Você sabia que o CPF é um documento muito importante para mostrar quem somos? É como uma carteirinha que nos identifica e diz quem somos para as pessoas. Sem o CPF, não podemos fazer muitas coisas, como ir ao médico ou viajar. Além do CPF que tiramos aqui nesse mundo, Deus nos dá um "CPF especial" que não é feito de papel. É a nossa identidade como filhos de Deus! Agora, vamos juntos ver como Jesus usou a Bíblia para mostrar Sua identidade e como nós também podemos nos lembrar de quem somos e de como podemos enfrentar as dificuldades, assim como Jesus fez.

POR DENTRO DA HISTÓRIA

Depois que Jesus foi batizado por João Batista no Rio Jordão, Ele foi guiado pelo Espírito Santo para passar um tempo no deserto. Esse não era um deserto de areia e sol apenas, era também um lugar onde Jesus ficaria sozinho e sem comida durante 40 dias e 40 noites. Jesus estava com fome e cansado, e nesse momento o diabo apareceu para tentar fazer Jesus esquecer quem Ele era e desobedecer a Deus.

A primeira tentação foi que o diabo disse a Jesus: "Se você é realmente o Filho de Deus, faça com que essas pedras se transformem em pão." O diabo queria que Jesus usasse Seu poder de Filho de Deus para satisfazer Sua fome, porém Jesus não podia comer, pois ele estava de jejum. Jesus sabia muito bem quem Ele era e respondeu dizendo que a vida não depende só de comida, mas de ouvir e seguir o que Deus fala, por isso, ele não daria ouvidos ao diabo.

Então veio uma nova tentação. O diabo levou Jesus para o alto do templo e disse: "Se você é o Filho de Deus, jogue-se daqui para baixo. Deus prometeu que os anjos te protegeriam." O diabo estava tentando fazer Jesus usar Seu poder de Filho de Deus para testar a fidelidade de Deus. Porém, Jesus sabia que não deveria colocar Deus à prova e respondeu que não devemos tentar a Deus.

Por último, o diabo mostrou a Jesus todos os reinos do mundo e prometeu dar a Ele todo o poder e riqueza se Jesus se ajoelhasse e o adorasse. O diabo estava tentando enganar Jesus oferecendo algo que não poderia oferecer, e assim fazer com que Jesus não adorasse a Deus. Jesus, porém, respondeu firmemente, dizendo que só Deus merece nossa adoração e que devemos adorá-Lo e servi-Lo.

Jesus passou por essas tentações sem ceder a nenhuma delas porque Ele conhecia bem a Palavra de Deus e sabia Sua verdadeira identidade como Filho de Deus. Depois dessas tentativas, o diabo deixou Jesus, e os anjos vieram para cuidar Dele.

DAQUI PRA FRENTE

A história de Jesus no deserto nos ensina que podemos usar a Bíblia para enfrentar as tentações e desafios que encontramos todos os dias. A Bíblia é cheia de ensinamentos que nos ajudam a tomar as decisões certas.

Por exemplo, se você está sendo tentado a mentir, lembre-se de que a Bíblia nos ensina a sermos honestos e a fazermos o nosso melhor, assim como está em Provérbios 12:22, que diz que Deus ama quem fala a verdade.

Se você está pensando em desobedecer a seus pais, lembre-se do que a Bíblia diz sobre honrar pai e mãe, como em Êxodo 20:12, que nos ensina a honrar os nossos pais.

Se você está pensando em brigar com um amigo, lembre-se que a Bíblia nos ensina a sermos pacificadores e a resolvermos os problemas com amor, como está escrito em Mateus 5:9, sobre acalmar.

A Bíblia é como um guia que nos ajuda a encontrarmos a nossa verdadeira identidade, o nosso "CPF especial". E quando sabemos exatamente quem somos em Deus, podemos enfrentar as tentações e viver de uma maneira que agrade ao Senhor. Quando conhecemos e usamos a Palavra de Deus, podemos vencer as tentações, assim como Jesus fez no deserto.

Em nosso dia a dia, podemos usar a Bíblia para fazer escolhas boas, como sermos honestos, obedecermos aos pais e resolvermos as brigas com amor. A Bíblia nos ajuda a enfrentarmos os desafios e a sermos fortes em momentos difíceis.

NÃO SE ESQUEÇA

Jesus nos mostrou que, quando somos tentados, e conhecemos a nossa verdadeira identidade, podemos vencer as tentações usando a Palavra de Deus. Conhecer a Bíblia e seguir seu ensinamentos nos ajuda a tomarmos boas decisões e a sermos fortes nas dificuldades. Com ajuda de Deus e da Bíblia, podemos enfrentar qualquer desafio!

DEVOCIONAL 33

OPA!

ORAR

"Querido Deus, obrigado por nos dar a Bíblia para nos ajudar a enfrentar as tentações e viver de acordo com a Sua vontade. Ajude-me a lembrar das Suas palavras quando eu enfrentar desafios e tentações, e que eu nunca me esqueça quem sou em Ti. Que eu possa ser corajoso e seguir o Seu caminho. Em nome de Jesus, Amém!"

PERGUNTAR

1. O que o diabo tentou fazer com Jesus no deserto e como Jesus respondeu a essas tentações?
2. Como você pode usar a Bíblia para enfrentar as tentações e desafios na sua vida?

AGIR

Que tal fazerem um CPF para lembrar a verdadeira identidade de serem Filhos de Deus? Juntos, desenhem um cartão que se pareça com um CPF e nele escrevam o nome, a frase "Filho(a) de Deus", a data do nosso nascimento e um "superpoder", que é conhecer a Palavra de Deus para enfrentar as dificuldades. Decorem o cartão com adesivos e desenhos e, depois, coloquem-no dentro da sua Bíblia. Assim, toda vez que abrirem a Bíblia para ler, lembrarão que são filhos de Deus e que a Palavra é uma ferramenta poderosa para nos ajudar a fazer boas escolhas, assim como Jesus usou a Bíblia para vencer as tentações no deserto.

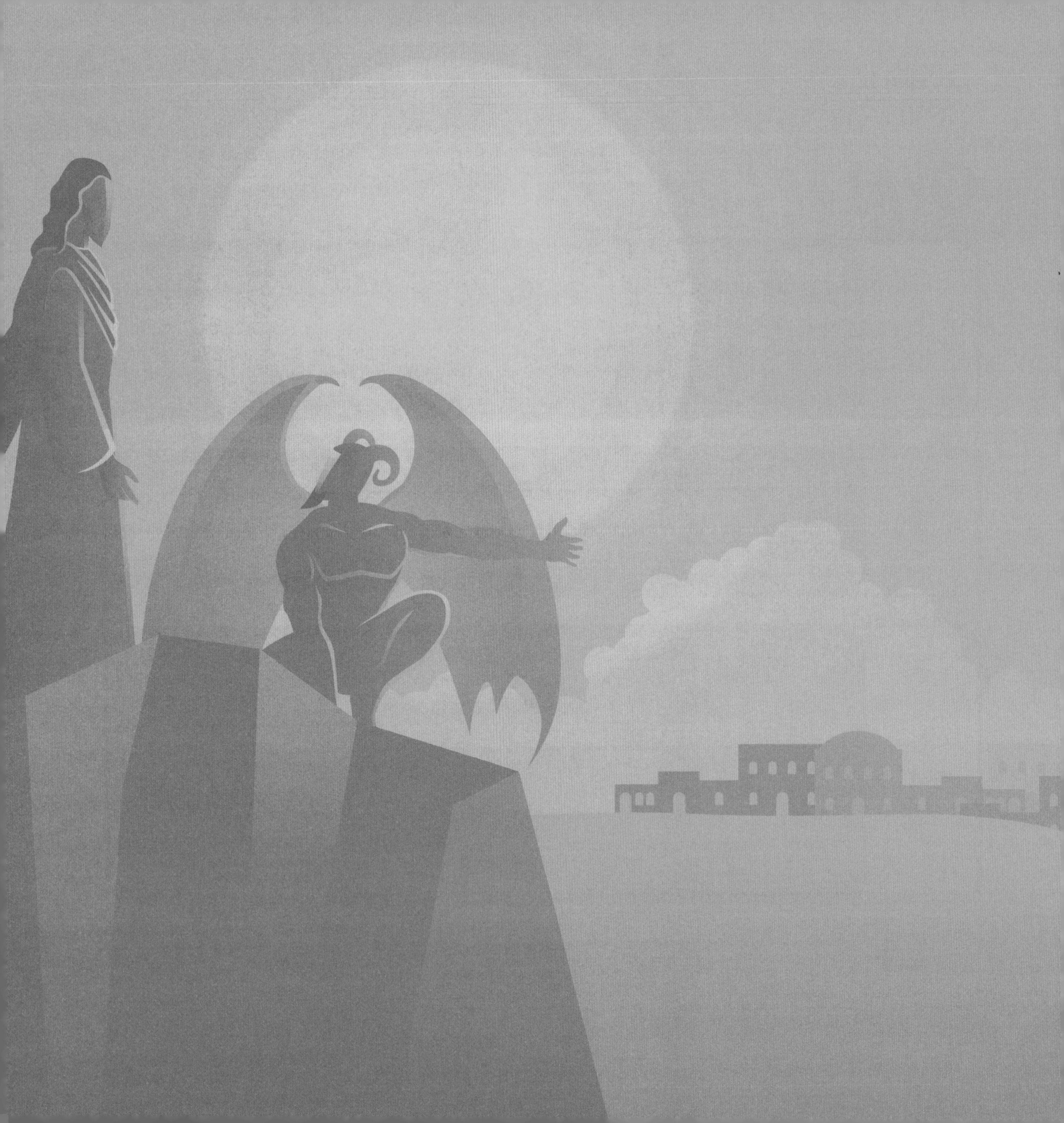

LIÇÃO

"A Bíblia é como um guia, que nos ajuda a enfrentar as tentações da vida e a viver de maneira que agrada a Deus."

DEVOCIONAL 34

UM CONVIDADO ESPECIAL!

JOÃO 2:1-3

"Em uma festa de casamento na cidade de Caná, na Galileia, Jesus, sua mãe e seus amigos, os discípulos, estavam prontos para se divertir e celebrar juntos. Porém, algo inesperado aconteceu: o vinho da festa acabou!"

PARA COMEÇAR

Você já foi a uma festa onde havia muita comida gostosa, música boa e diversão garantida? É assim que as festas devem ser, não é mesmo? Antigamente também era assim, os casamentos eram grandes festas e todos esperavam que fossem cheios de alegria e celebração. Certa vez, Jesus foi em um casamento que tinha tudo para dar errado, a situação estava difícil e os convidados estavam prontos para irem embora tristes, porém, Jesus transformou aquela situação de tristeza em um ambiente de muita alegria e diversão. Vamos descobrir juntos como isso aconteceu!

DEVOCIONAL 34

POR DENTRO DA HISTÓRIA

Há muito tempo, em uma cidade chamada Caná, na Galileia, houve um casamento. Casamentos eram grandes festas nas quais as pessoas se reuniam para comemorar e se divertir. Era um momento de muita alegria e celebração. As famílias dos noivos queriam que a festa fosse perfeita e durasse o dia inteiro, com comida gostosa e bebida à vontade para todos os convidados.

Mas, no meio da festa, aconteceu um grande problema: o vinho acabou. O vinho era uma bebida muito especial na época, e ele simbolizava alegria e celebração. Sem vinho, a festa estava correndo o perigo de acabar cedo e de uma maneira triste. Você pode imaginar como os noivos e os convidados ficaram preocupados com essa situação.

A mãe de Jesus, Maria, estava na festa e percebeu o grande problema. Ela sabia que Jesus tinha um poder especial, então decidiu contar a Ele sobre o que estava acontecendo. Jesus ouviu o que Maria disse e fez algo incrível. Ele pediu que enchessem seis grandes jarros com água dentro e, assim, Ele realizou um grande milagre, o seu primeiro milagre, transformou toda aquela água em um vinho maravilhoso!

O vinho que Jesus fez era de uma qualidade tão boa que todos ficaram surpresos e felizes. O mestre de cerimônias, que era o responsável por garantir que tudo na festa estivesse perfeito, provou o vinho e ficou encantado com a qualidade, elogiando os noivos por guardarem o melhor vinho para o final da festa.

DAQUI PRA FRENTE

A história do casamento em Caná nos ensina algo muito especial sobre como podemos convidar Jesus para nossa vida e ver a alegria que Ele traz. Quando o vinho acabou na festa, os noivos estavam preocupados, mas Maria sabia que Jesus poderia ajudar. Assim como Maria convidou Jesus para ajudar na festa, nós também podemos convidar Jesus para nossa vida.

Pense em uma situação difícil que você está enfrentando, como um problema na escola ou uma briga com um amigo. Lembre-se de que Jesus pode ajudar. Converse com Jesus em oração, peça a ajuda Dele e confie que Ele pode transformar a situação, assim como transformou a água em vinho.

Porém, não é só em momentos difíceis que devemos convidar Jesus para nossa vida. Jesus deve ser um convidado especial que nunca vai embora do nosso coração. Isso significa que devemos falar com Jesus todos os dias, pedir a Sua ajuda e confiar Nele para nos guiar em todos os momentos, tanto os bons quanto os difíceis. Assim, Jesus não será apenas um visitante ocasional, mas um amigo que nos ajuda constantemente em nossa vida.

NÃO SE ESQUEÇA

Quando convidamos Jesus para estar conosco, Ele pode fazer coisas incríveis e nos ajudar em todas as situações. Lembre-se de que Jesus é a nossa maior alegria e está sempre pronto para nos ajudar a transformar qualquer dificuldade em uma oportunidade de felicidade. Por isso que Jesus deve ser o nosso convidado especial, habitando todos os dias em nossos corações, sendo um amigo que nunca vai embora e que sempre está ao nosso lado, transformando as situações mais difíceis em momentos de alegria.

DEVOCIONAL 34

OPA!

ORAR

"Querido Jesus, obrigado por mostrar como o Senhor pode transformar as situações difíceis em momentos de alegria, assim como fez no casamento em Caná. Ajude-nos a te convidar para nossa vida todos os dias e confiar que o Senhor pode trazer boas mudanças e muita felicidade para nós. Em nome de Jesus, Amém!"

PERGUNTAR

1. O que aconteceu com o vinho no casamento e como Jesus ajudou?
2. Por que é importante convidar Jesus para viver ao nosso lado durante toda a vida?

AGIR

Vamos fazer uma atividade divertida para lembrar o milagre de Jesus que transformou água em vinho! Primeiro coloquem água filtrada em um copo; depois, deixem ao lado outro copo com pó de suco de uva dentro. Reparem como a água é transparente e sem sabor, assim como a vida pode ser em alguns momentos. Agora, despejem o pó de suco de uva no copo com água e mexam bem. Reparem como a água agora está diferente e tem um novo sabor, trazendo mais alegria e se tornando mais gostosa. Assim como Jesus trouxe alegria para a festa, transformando a água em vinho, Ele pode trazer alegria e transformação para nossa vida também.

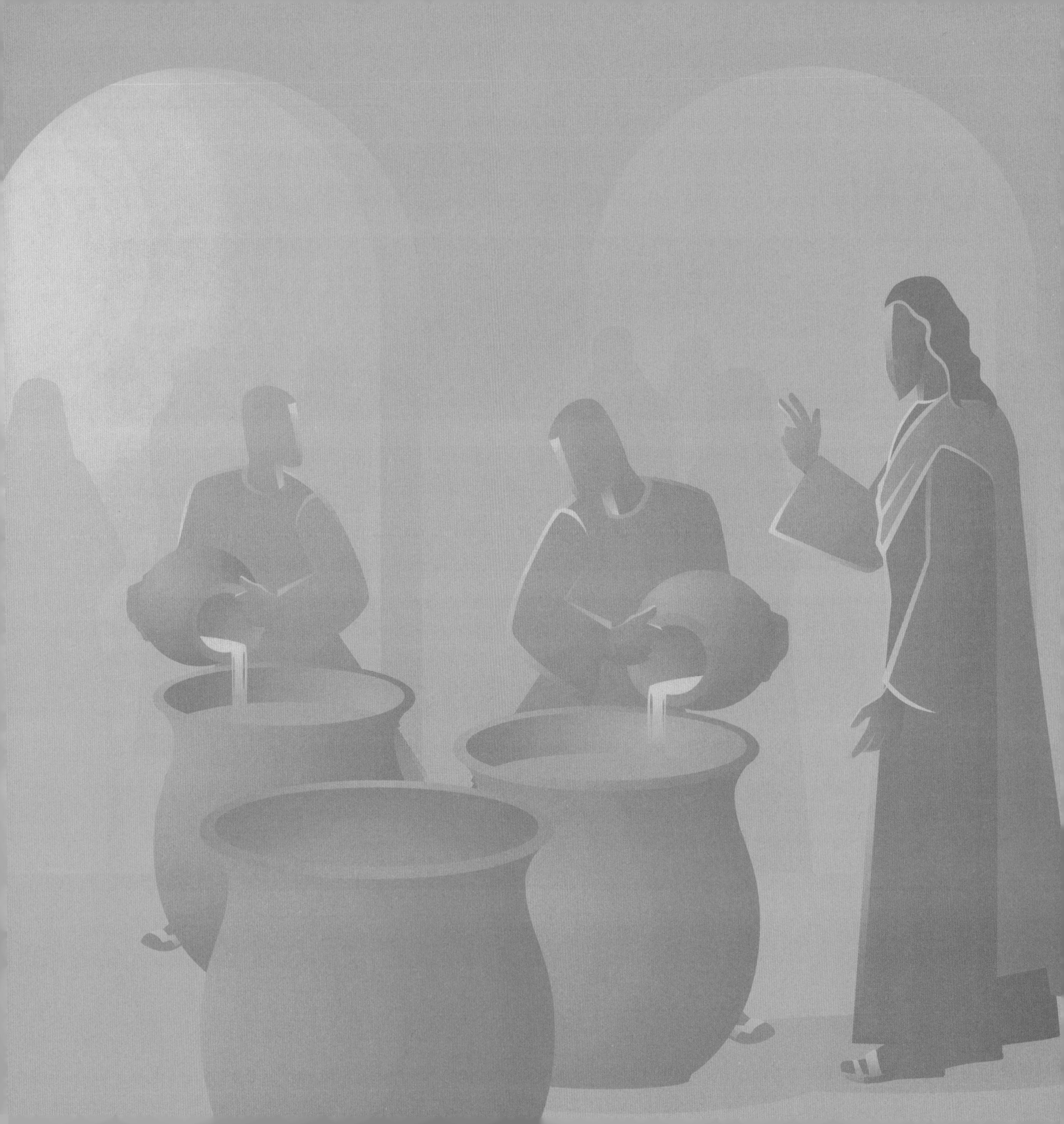

LIÇÃO

"Jesus tem poder para transformar qualquer situação difícil em momento de alegria."

O ÚLTIMO JANTAR!

MATEUS 26:20-15

"Depois que o sol se pôs, Jesus e seus doze amigos estavam sentados à mesa para uma refeição. Durante a ceia, Jesus falou: 'Tenho algo muito sério para contar. Um de vocês vai me trair.' Todos ficaram muito surpresos e começaram a dizer, um por um: 'Não sou eu, Senhor!' Jesus explicou: 'A pessoa que vai me trair é alguém que come comigo. Eu vou sofrer porque alguém me trairá, e isso já foi dito antes. Mas, coitado de quem fizer isso! Seria melhor se essa pessoa nunca tivesse nascido!' Então, Judas, que era o traidor, disse: 'Eu não sou a pessoa!' Jesus respondeu: 'Sim, Judas, é você mesmo.'"

PARA COMEÇAR

Você já teve que enfrentar um dia muito difícil, mas mesmo assim decidiu ser gentil e amoroso com as pessoas ao seu redor? Isso pode ser bem desafiador, não é mesmo? Hoje, vamos aprender sobre um momento muito desafiador da vida de Jesus, no qual Ele mostrou um amor incrível mesmo sabendo que coisas ruins iriam acontecer.

POR DENTRO DA HISTÓRIA

Na última noite que Jesus passou com os seus discípulos antes de ser preso, Ele preparou uma refeição especial para eles chamada a Última Ceia. Ele sabia que essa seria a última vez que estariam juntos antes de Sua grande missão na cruz.

Jesus sabia que um dos seus amigos, o Judas, iria traí-Lo. Judas era um dos doze discípulos de Jesus e, infelizmente, ele decidiu entregar Jesus aos líderes religiosos que queriam prendê-Lo. Jesus também sabia que, naquela mesma noite, todos os seus amigos iriam abandoná-Lo quando as coisas ficassem difíceis.

Mesmo sabendo dessas coisas, Jesus não deixou de amar Judas e os outros discípulos. Durante a ceia, Ele fez algo muito importante: lavou os pés dos seus discípulos. Naqueles tempos, lavar os pés era um trabalho de um servo, alguém que fazia isso para servir os outros. Jesus fez isso para mostrar o quanto Ele amava cada um deles e para ensinar que, no Reino de Deus, ser um líder significa servir aos outros com amor e humildade.

Durante a refeição, Jesus pegou um pedaço de pão e um cálice de vinho. Ele usou o pão para representar seu corpo que seria entregue por todos nós e o vinho para representar seu sangue que seria derramado para perdoar os pecados de todos. Jesus fez isso para preparar seus amigos para o que estava por vir e para que eles lembrassem do grande amor de Deus por todos nós.

DAQUI PRA FRENTE

A história da Última Ceia nos ensina que, mesmo em momentos difíceis, podemos escolher amar e servir aos outros. Às vezes, enfrentamos situações difíceis na escola, em casa, ou com amigos, e é comum ficar chateado ou magoado. Porém, Jesus nos ensina que mesmo quando as coisas estão difíceis, devemos amar as pessoas ao nosso redor e entregar o nosso melhor a elas.

Por exemplo, se alguém te magoa, você pode decidir ser gentil e tentar entender a situação. Se você tem um dia ruim, você pode escolher ser amigável e ajudar os outros. Jesus nos mostra que, mesmo quando estamos tristes ou passamos por problemas, o amor que temos pelos outros pode brilhar e fazer a diferença.

Lembre-se: Mesmo quando Judas estava prestes a trair Jesus, Jesus ainda amou Judas e não deixou de cuidar dele. Da mesma forma, podemos aprender a amar os outros, mesmo quando as coisas não são fáceis.

NÃO SE ESQUEÇA

A Última Ceia é um momento importante porque nos lembra do grande amor de Jesus por nós. Mesmo sabendo que enfrentaria traição e sofrimento, Jesus amou seus amigos e fez tudo com amor e humildade. Podemos seguir seu exemplo amando e servindo aos outros, não importa o que aconteça. Quando passamos por dificuldades, precisamos lembrar que podemos amar como Jesus amou, e assim fazermos o bem para os outros e mostrarmos o amor de Deus.

DEVOCIONAL 35

OPA!

ORAR

"Querido Jesus, nos ajude a sermos mais gentis e a amar as pessoas, como o Senhor fez, mesmo quando enfrentamos dificuldades. Que possamos aprender com sua atitude naquele último jantar, a servir e a perdoar mesmo tendo motivos para agir de outra forma. Em nome de Jesus, Amém!"

PERGUNTAR

1. Como você acha que Jesus se sentiu sabendo que um amigo iria traí-Lo e que todos iriam abandoná-Lo?
2. Como você pode mostrar amor e bondade para as pessoas ao seu redor, mesmo quando as coisas estão difíceis?

AGIR

Para lembrar do amor de Jesus durante a Última Ceia, vocês podem fazer uma refeição especial juntos, como um lanche ou um jantar, e se lembrarem das coisas que Jesus fez. Enquanto comem, falem sobre a importância de amar e servir aos outros, como Jesus fez com seus discípulos. Esse momento vai ajudar a recordar que, assim como Jesus fez uma refeição especial para mostrar seu amor, também podemos mostrar nosso amor pelos outros por meio das nossas ações.

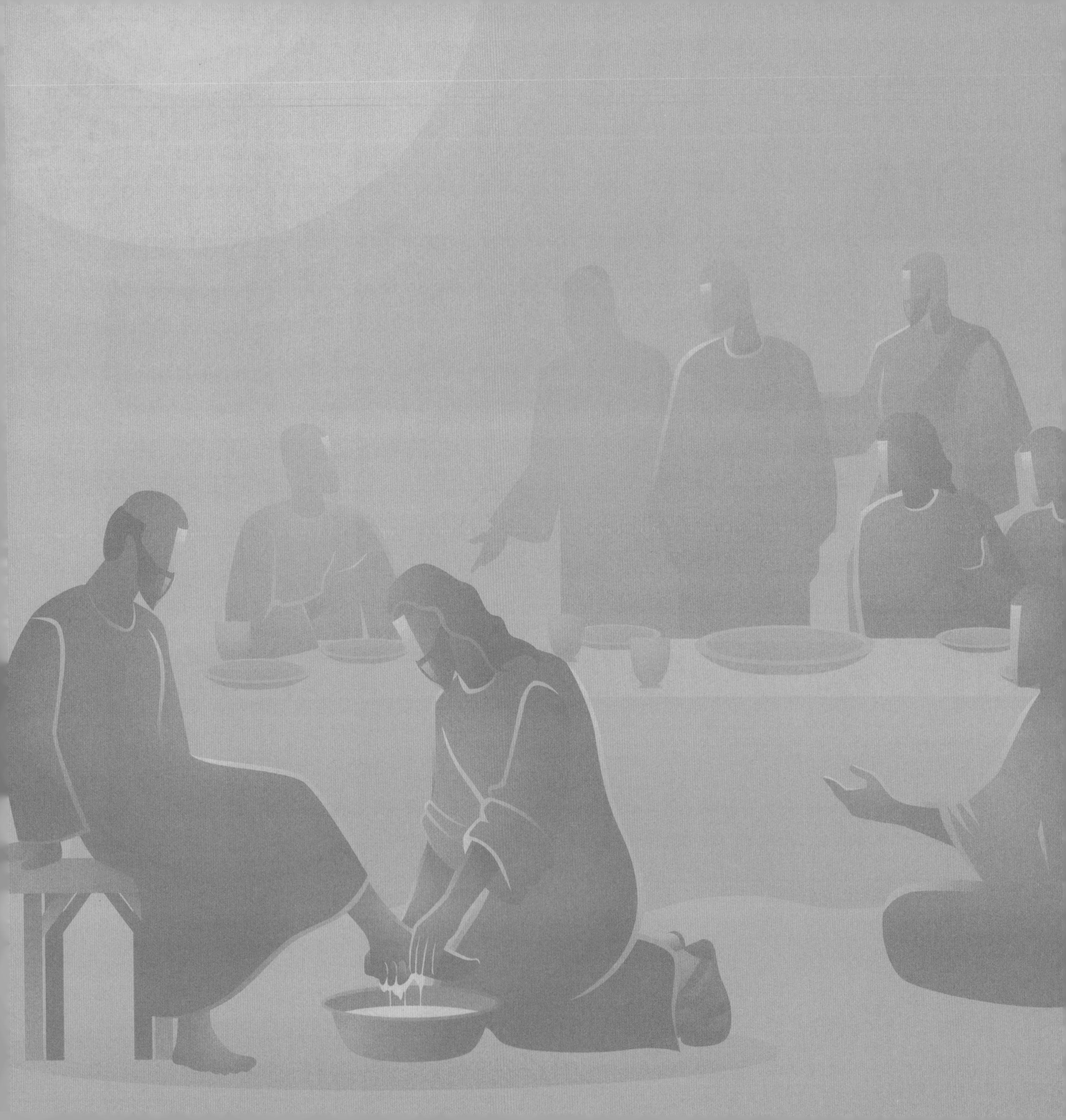

LIÇÃO

"Amar e servir as pessoas, apesar das situações, é a maior demonstração de que entendemos o que Jesus nos ensinou."

DEVOCIONAL 36

SERVIR É A MELHOR ESCOLHA!

JOÃO 13:5-7

"Então, Jesus se levantou da mesa, tirou sua túnica e colocou um avental. Ele pegou uma bacia com água e começou a lavar os pés de seus amigos, secando-os com o avental. Quando chegou perto de Pedro, este ficou surpreso e perguntou: 'Senhor, você quer lavar os meus pés?'. Jesus respondeu: 'Pedro, agora você não entende o que estou fazendo, mas mais tarde tudo ficará claro para você.'"

PARA COMEÇAR

Você já notou como muitas pessoas hoje em dia querem ser as melhores e mais importantes? Quando observamos ao nosso redor, sempre conseguimos ver pessoas que querem ser as primeiras da fila, sempre querem aparecer mostrando que possuem as melhores roupas, ou acabam se exibindo dizendo que possuem mais dinheiro, mais amigos, e dizem que o delas é sempre o melhor. Você conhece pessoas assim? Isso é muito feio, não é mesmo? No Reino de Deus as coisas são diferentes disso! Hoje, vamos aprender sobre um momento muito especial em que Jesus mostrou para seus amigos como ser verdadeiramente importante de uma maneira bem diferente.

DEVOCIONAL 36

POR DENTRO DA HISTÓRIA

Há muito tempo, Jesus escolheu doze homens para serem seus amigos e seguidores. Eles eram chamados de discípulos e vinham de lugares e profissões diferentes. Alguns eram pescadores, outros eram cobradores de impostos, e cada um tinha uma vida diferente, mas Jesus os amava e queria que eles aprendessem o que era mais importante: a humildade e o serviço aos outros.

Na noite em que Jesus ia ser preso, Ele fez algo muito especial para mostrar a seus discípulos o verdadeiro caminho para ser grande. Ele se levantou da mesa onde estavam comendo, pegou uma toalha e uma bacia com água, e começou a lavar os pés dos seus discípulos. Isso era um trabalho de um servo ou de um empregado, algo que ninguém esperaria que um mestre ou líder fizesse.

Quando Pedro, um dos discípulos, viu o que Jesus estava fazendo, ele não queria deixar Jesus lavar seus pés, mas Jesus explicou que era importante que Ele fizesse isso, porque estava ensinando algo muito valioso sobre como devemos tratar uns aos outros. Jesus queria que os discípulos entendessem que, para ser um líder no Reino de Deus, é preciso servir e ajudar os outros com amor e humildade, e não apenas querer ser o mais importante.

DAQUI PRA FRENTE

O ato de Jesus lavar os pés dos discípulos nos ensina que, no Reino de Deus, ser grande não significa ser o mais poderoso ou o mais importante. Ser grande, para Deus, significa servir aos outros com amor e humildade, assim como Jesus fez. Na nossa vida, isso pode significar ajudar um amigo que está triste, ajudar seus pais com as tarefas de casa, ou ser gentil com alguém que está sozinho. Jesus mostrou que, quando ajudamos os outros, estamos fazendo a vontade de Deus e seguindo Seu exemplo.

Por exemplo, se um amigo está triste porque perdeu um brinquedo, você pode ouvi-lo e oferecer sua ajuda. Ou se um colega está com dificuldade na escola, você pode oferecer a sua ajuda para estudarem juntos. Quando servimos as pessoas fazendo coisas com amor e humildade, estamos seguindo o exemplo de Jesus.

Lembre-se de que Jesus nos mostrou que, em vez de buscar ser o mais importante, devemos procurar servir aos outros com um coração amoroso e generoso.

NÃO SE ESQUEÇA

O momento em que Jesus lavou os pés dos seus discípulos nos ensina que ser verdadeiramente grande no Reino de Deus significa servir e ajudar os outros com amor e humildade. Assim como Jesus fez, podemos procurar maneiras de servir aos nossos amigos e familiares, mostrando que amamos as pessoas ao nosso redor e seguindo o exemplo que Jesus nos deixou.

DEVOCIONAL 36

OPA!

ORAR

"Querido Jesus, obrigado por nos mostrar como devemos servir aos outros com amor e humildade. Ajude-nos a seguir Seu exemplo e encontrar maneiras de ajudar e amar as pessoas ao nosso redor. Que possamos lembrar sempre que, para ser grande no Seu Reino, precisamos servir aos outros com um coração generoso. Em nome de Jesus, Amém!"

PERGUNTAR

1. O que Jesus fez para mostrar aos seus discípulos como devemos tratar os outros?
2. O que podemos fazer nesta semana para seguir o grande exemplo de Jesus e servir aos outros?

AGIR

Para lembrar do que Jesus nos ensinou ao lavar os pés dos seus discípulos, vocês podem fazer uma atividade especial em casa. Preparem um espaço confortável com uma bacia de água morna e algumas toalhas. Explique que Jesus lavou os pés dos seus amigos para mostrar como é importante servir aos outros com amor e humildade. Depois, cada pessoa pode ter a oportunidade de lavar os pés de outra pessoa na família, falando sobre o que significa servir com um coração humilde. Essa atividade ajuda a lembrar que, assim como Jesus serviu, nós também devemos estar prontos para ajudar e cuidar dos outros. No final, compartilhem o que sentiram e aprenderam durante essa experiência!

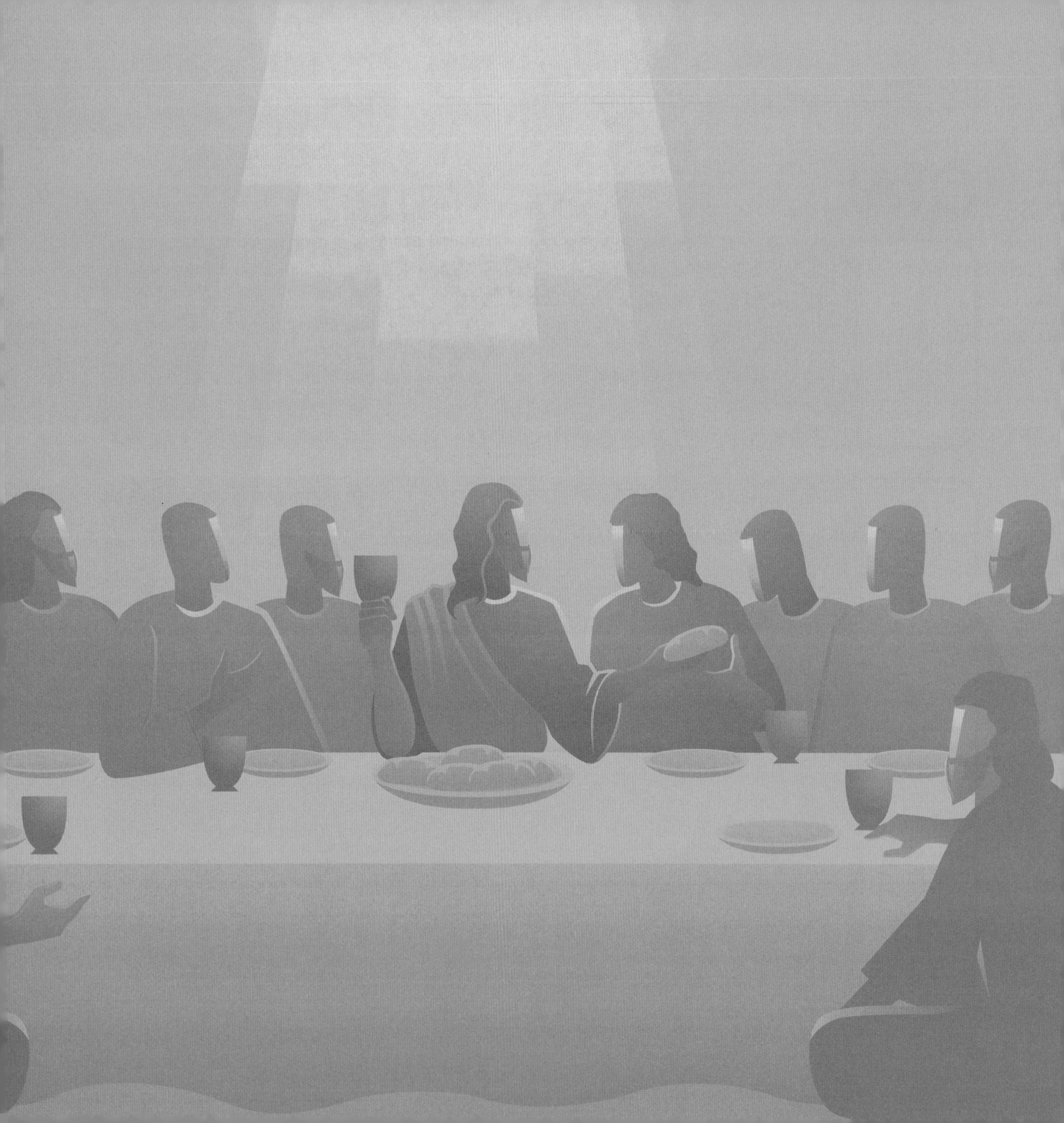

LIÇÃO

"Quando servimos aos outros com amor e humildade, estamos seguindo o exemplo de Jesus."

DEVOCIONAL 37

SIGA EM FRENTE!

LUCAS 22:54-62

"Depois que prenderam Jesus, levaram-no para a casa do chefe dos sacerdotes. Pedro seguiu de longe para ver o que estava acontecendo. No meio do pátio, algumas pessoas estavam sentadas ao redor de uma fogueira para se aquecer. Uma das empregadas perto da fogueira olhou bem para Pedro e disse: 'Esse homem estava com Jesus!' Pedro respondeu: 'Não, eu não conheço Jesus!' Outra pessoa disse: 'Você é um dos amigos dele!' Mas Pedro insistiu: 'Não, não sou!' Mais tarde, outra pessoa confirmou: 'Ele esteve com Jesus! É óbvio que ele é galileu.' Pedro respondeu: 'Sério, não sei do que você está falando.' Assim que terminou de falar, um galo cantou. Então, Jesus olhou para Pedro, e ele lembrou-se do que Jesus tinha dito: 'Antes que o galo cante, você me negará três vezes.' Pedro ficou muito triste, saiu dali e chorou muito."

PARA COMEÇAR

Você já teve que passar por um momento difícil e achou que não conseguiria enfrentar aquela situação e seguir em frente? Às vezes, é comum ficarmos com medo ou desanimados quando as coisas ficam difíceis. Hoje, vamos aprender sobre um momento desafiador que um dos discípulos de Jesus, o Pedro, enfrentou em sua vida, e vamos descobrir como o amor de Jesus fez com que ele não desistisse e conseguisse seguir em frente.

POR DENTRO DA HISTÓRIA

Pedro era um dos melhores amigos de Jesus. Ele foi escolhido por Jesus para ser um dos seus discípulos, ajudando-o em Sua missão. Pedro viu muitos milagres e ouviu, por muitas vezes, Jesus ensinar sobre o amor de Deus. Ele amava muito Jesus e queria protegê-lo de todo mal.

Em uma noite muito difícil, enquanto Jesus estava sendo preso, Pedro estava com medo e acabou negando que conhecia Jesus, pois achou que também seria preso e morto. Isso aconteceu três vezes, como Jesus tinha dito que aconteceria. Pedro ficou triste e se arrependeu, e apesar das falhas de Pedro, o amor que Jesus sentia por ele era imenso e inabalável.

Antes dessa cena acontecer, Pedro tentou proteger Jesus quando Ele foi preso. Ele usou uma espada para o defender, mas Jesus explicou para Pedro que era preciso que Ele passasse por aquele sofrimento para cumprir a missão de salvar o mundo. Jesus sabia que Sua missão era morrer na cruz e depois ressuscitar no terceiro dia, e Ele estava determinado a seguir em frente para cumprir esse plano de amor por todos nós. Mesmo sabendo que Pedro o negaria, Jesus continuou amando Pedro.

Depois de Sua ressurreição, Jesus apareceu a Pedro e lhe disse que o perdoava. Ele o confortou e o preparou para ser um grande líder na Sua missão de espalhar o Evangelho.

DAQUI PRA FRENTE

A história de Pedro nos ensina que, mesmo quando fazemos algo errado ou temos medo, o amor de Jesus por nós nunca acaba. Às vezes, podemos cometer erros, como desobedecer nossos pais, mentir para um amigo, ou ficar com medo de fazer a coisa certa. Mas, assim como Jesus amou Pedro e o perdoou, Ele também nos ama e está sempre pronto para nos perdoar.

Imagine que você tem um amigo muito querido e, mesmo quando você comete um erro, ele não deixa de ser seu amigo. Jesus é assim com a gente, e ainda melhor! Ele nos ama mesmo quando erramos e sempre está disposto a nos ajudar a melhorar.

Mesmo quando fazemos algo de errado, Jesus está sempre lá para nos perdoar e nos ajudar a seguir em frente, por isso, podemos sempre pedir perdão e tentar fazer melhor da próxima vez.

NÃO SE ESQUEÇA

A atitude de Pedro negar ser amigo de Jesus é um lembrete de que todos nós cometemos erros, mas o amor de Jesus por nós nunca acaba. Mesmo em nossos momentos mais difíceis, podemos confiar que Jesus nos ama e nos perdoa. Ele nos ensina que, mesmo quando temos medo ou erramos, o mais importante é nos levantarmos e continuarmos seguindo a Ele com coragem e temor. Pedro, por um momento, achou que o Sol havia deixado de brilhar em sua vida, e tudo viveria nublado para sempre, mas Jesus, por meio do seu imenso amor e perdão, fez o Sol voltar a brilhar.

DEVOCIONAL 37

OPA!

ORAR

"Querido Jesus, obrigado por me amar e me perdoar, mesmo quando cometo erros. Ajuda-me a aprender com minhas falhas e a sempre tentar fazer o meu melhor. Que eu possa lembrar que o Teu amor nunca tem fim, e o Senhor jamais desistirá de mim. Em nome de Jesus, Amém!"

PERGUNTAR

1. O que você acha que Pedro sentiu quando percebeu que tinha negado ser amigo de Jesus?
2. Como você se sente quando precisa pedir desculpas para Jesus ou para as pessoas quando comete algum erro?

AGIR

Para compreendermos melhor essa história, criem um "Cartaz de Perdão e Recomeço"! Em uma folha grande ou cartolina, divida em duas partes: uma para "Perdão" e outra para "Recomeço". No lado "Perdão", escreva ou desenhe formas de pedir desculpas e perdoar os outros. No lado "Recomeço", desenhe um sol nascendo e escreva sobre como podemos tentar de novo depois de um erro. Cada um pode contar uma história sobre perdoar alguém ou recomeçar algo, e, no final, façam uma oração pedindo a Deus para nos ajudar a perdoar e recomeçar sempre. Depois de pronto, esse cartaz deve ficar exposto em algum lugar para sempre lembrarem que Jesus nos ensina a perdoar e recomeçar.

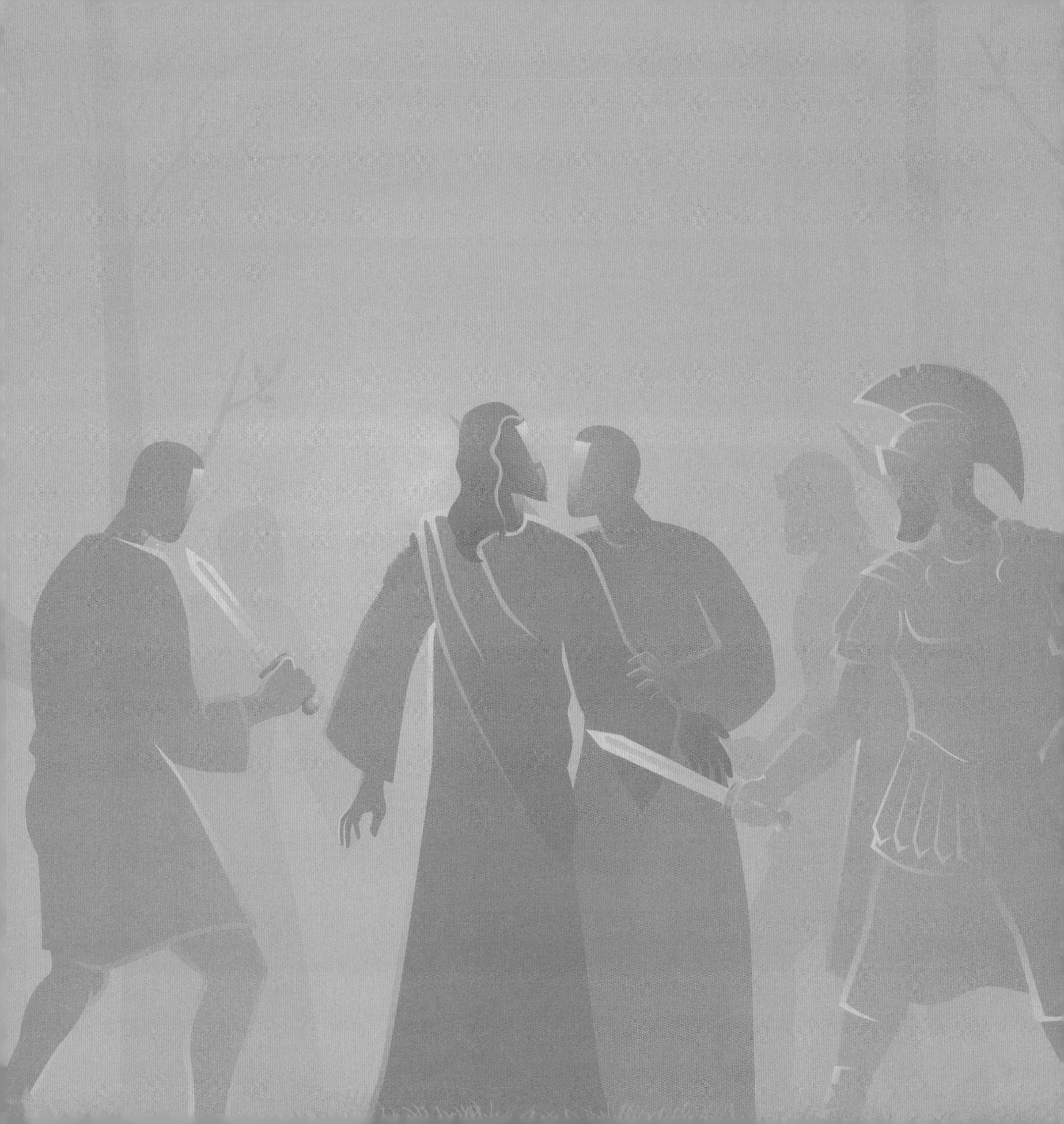

LIÇÃO

"Em todas as situações da vida, Jesus sempre estará pronto para nos perdoar e nos ajudar a seguir em frente."

PREÇO DE SANGUE!

LUCAS 23:33-35

"Quando chegaram ao lugar chamado Colina da Caveira, prenderam Jesus na cruz e também colocaram dois criminosos ao lado Dele, um à direita e outro à esquerda. Então, Jesus orou: 'Pai, perdoe essas pessoas! Elas não sabem o que estão fazendo.' Enquanto isso, as pessoas rasgaram suas roupas e jogaram dados para ver quem ficaria com cada peça. A multidão olhava para Jesus, e os líderes zombavam e riam, dizendo: 'Ele ajudou os outros; vamos ver se agora consegue se salvar! Esse é o Messias, o Filho de Deus?'"

PARA COMEÇAR

Você conhece algum herói, com muitos poderes, que faz coisas incríveis para ajudar os outros? Às vezes, esse herói enfrenta grandes desafios e faz escolhas corajosas para fazer a diferença na vida das pessoas, ainda que ele precise sofrer. Também é comum vermos os heróis sangrarem e sofrerem, mas sabemos que no final eles sairão vencedores das batalhas, não é mesmo? Hoje, vamos explorar a história de um herói que fez algo verdadeiramente extraordinário, muito maior do que os heróis dos filmes podem fazer. Algo único, que mostra o quanto esse herói se importa com a humanidade e como o seu amor pode transformar vidas das pessoas para sempre!

POR DENTRO DA HISTÓRIA

Há muito tempo, os profetas, que eram pessoas especiais e falavam em nome de Deus, disseram que um dia um Salvador viria para ajudar o povo e trazer a salvação. Eles disseram que esse Salvador seria o Messias, que significava "o escolhido por Deus".

Quando Jesus cresceu, Ele fez muitas coisas boas e ensinou as pessoas sobre o amor de Deus, mas chegou um momento muito difícil. Jesus sabia que precisava ir para a cruz para cumprir a promessa que Deus fez a todas as pessoas. Ele foi para um lugar chamado Gólgota e foi crucificado.

Antes de Jesus, as pessoas precisavam fazer sacrifícios de animais para pedir perdão a Deus pelos seus erros. Isso acontecia porque, segundo a Lei de Moisés, a única maneira de ter os pecados perdoados era oferecendo um animal, como um cordeiro ou uma pomba, para ser sacrificado. O sangue desses animais era colocado no altar, e isso simbolizava que o erro das pessoas estava sendo levado embora e, assim, estariam perdoados. Esse processo precisava ser repetido muitas vezes porque o sacrifício de um animal não era suficiente para remover todos os pecados da humanidade para sempre. A cada novo pecado, era necessário um novo sacrifício.

Jesus fez um sacrifício único e completo. Ao invés de sacrificar animais e derramar o sangue em um altar, Ele foi para a cruz e derramou Seu próprio sangue para pagar por todos os erros da humanidade de uma vez por todas. Isso é o que chamamos de amor ágape, que é um amor muito grande e sacrificial. Jesus fez isso porque nos ama muito e queria nos salvar.

DAQUI PRA FRENTE

O que podemos aprender com o amor de Jesus? A história da crucificação nos ensina que, assim como Jesus fez um grande sacrifício por amor, nós também podemos mostrar amor verdadeiro para os outros. Por exemplo, podemos ajudar um amigo que está triste, sermos gentis com a nossa família ou compartilharmos o que temos com alguém que não tenha nada. Às vezes, isso pode exigir muito esforço de nós, mas é assim que mostramos o amor de Deus para as pessoas ao nosso redor. O sacrifício de Jesus custou a Sua própria vida, e por meio desse grande exemplo, devemos nos esforçar para ajudarmos os outros também.

NÃO SE ESQUEÇA

A crucificação de Jesus nos mostra um amor incrível e sacrificial. Ele fez um grande sacrifício, derramando Seu próprio sangue para nos salvar e nos dar uma nova chance de viver com Deus. Quando lembramos desse amor, podemos aprender a amar os outros, assim como Jesus nos amou.

DEVOCIONAL 38

OPA!

ORAR

"Senhor Jesus, muito obrigado por ter morrido na cruz por todos nós. Agora somos livres e temos acesso a vida eterna. Ajude-nos a mostrar o mesmo amor para as pessoas ao nosso redor, assim como o Senhor nos ensinou. Em nome de Jesus, Amém!"

PERGUNTAR

1. Por que Jesus teve que morrer na cruz?
2. Como podemos mostrar que somos gratos pelo sacrifício que Jesus fez por nós?

AGIR

Para memorizar o sacrifício de Jesus na cruz, façam uma cruz de palitos de picolé com um cenário de fundo. Caso não tenham palitos, podem improvisar com outro material. Enquanto montam a cruz e desenham o cenário, conversem sobre o amor de Jesus e como Ele deu Sua vida para nos salvar. Abram a Bíblia e procurem juntos um versículo que fale sobre a crucificação de Jesus, escrevam o versículo perto da cruz para lembrarem o quanto Ele fez por nós e como Ele cumpriu todas as promessas de Deus.

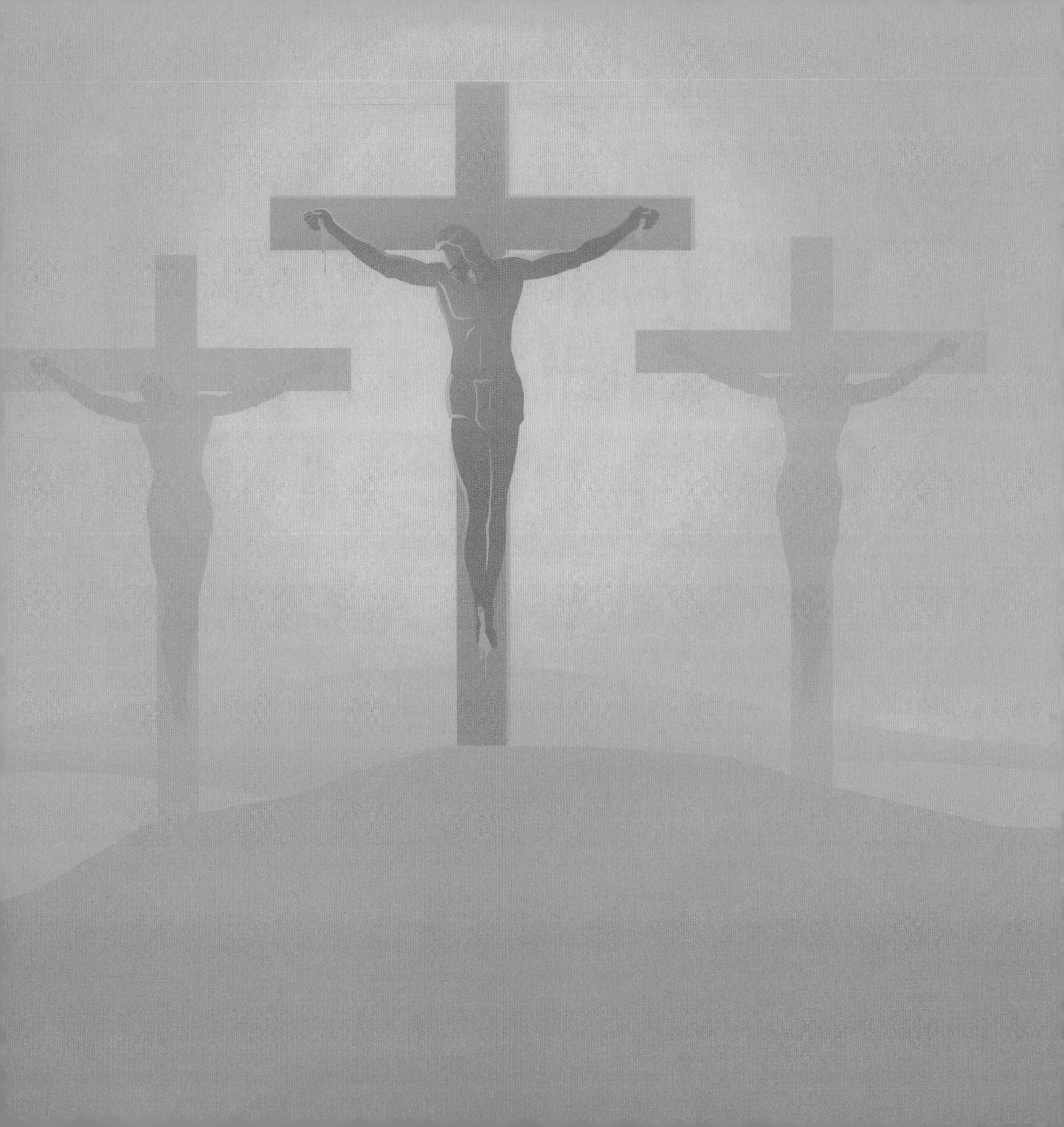

LIÇÃO

"Jesus nos salvou,
e o preço foi de sangue."

DEVOCIONAL 39

A MAIOR NOTÍCIA DA HISTÓRIA!

MATEUS 28:1-7

"No domingo do manhã, assim que o primeiro sol brilhou, Maria Madalena e a outra Maria foram visitar o lugar onde Jesus estava. De repente, a terra começou a tremer, e um anjo muito brilhante apareceu! Ele desceu do céu e rolou a pedra da entrada da tumba. O anjo brilhava como um raio de sol, e suas roupas eram brancas como a neve. Os guardas que estavam ali ficaram tão assustados que nem conseguiam se mexer. O anjo disse às mulheres: 'Não tenham medo! Eu sei que vocês estão procurando Jesus, que foi crucificado. Ele não está mais aqui. Ele voltou à vida, como tinha prometido. Venham ver o lugar onde Ele estava.' Então o anjo continuou: 'Agora, vão correndo contar aos amigos de Jesus: "Ele voltou à vida! Ele vai para a Galileia, e vocês o verão lá."'"

PARA COMEÇAR

Você já ficou surpreendido com uma notícia muito especial? Pode ser que você tenha descoberto que teria um irmão, ou que a família faria uma viagem de férias, ou ainda que ganharia aquele presente tão desejado no Natal ou no seu aniversário. É incrível a sensação de ser surpreendido por uma grande notícia, não é? Agora, acredite: existe uma notícia ainda maior que toda a humanidade já recebeu. Vamos descobrir juntos qual é?

DEVOCIONAL 39

POR DENTRO DA HISTÓRIA

Depois que Jesus morreu na cruz, seus discípulos ficaram muito tristes. Eles não tinham tanta certeza de que Jesus iria ressuscitar no terceiro dia, como havia prometido. Eles estavam em dúvida, e por isso sentiram medo e ficaram preocupados. Porém, algo incrível aconteceu!

No domingo de manhã, bem cedo, algumas mulheres, Maria Madalena e outras amigas de Jesus, foram ao túmulo onde Ele estava enterrado. Quando chegaram lá, o que elas viram? O túmulo estava vazio! Elas ficaram assustadas, pois não sabiam o que tinha acontecido. Foi então que um anjo apareceu para elas e disse: "Jesus não está aqui, Ele ressuscitou!"

Um detalhe muito especial é que, quando as mulheres entraram no túmulo, viram o manto de Jesus dobrado ali dentro. Isso mostrou que Jesus não saiu correndo, nem havia sido levado por alguém, e sim, Ele havia ressuscitado!

As mulheres ficaram muito felizes e correram para contar a todos que Jesus estava vivo! Embora Jesus tivesse dito que isso ia acontecer, muitos dos seus seguidores ainda estavam com medo e não acreditavam. Mesmo assim, a promessa de Jesus se cumpriu!

DAQUI PRA FRENTE

A ressurreição de Jesus é a melhor notícia de todas, pois mostra que Ele venceu a morte e está vivo para sempre! O túmulo está vazio, e isso é muito especial, pois Jesus voltou à vida e nos prometeu um futuro maravilhoso ao Seu lado.

Imagine que você está esperando por um presente incrível e, quando o recebe, descobre que é muito mais do que esperava. É assim que a ressurreição de Jesus é para nós — uma surpresa maravilhosa que traz uma alegria completa e duradoura. Porque Jesus ressuscitou, temos a certeza de que Deus cumpre Suas promessas!

Quando você se sentir triste ou enfrentar dificuldades, lembre-se de que o túmulo está vazio e que Jesus está vivo! Isso significa que Ele está sempre com você, pronto para ajudá-lo e lhe dar alegria, não importa o que esteja acontecendo. Você pode ter esperança e alegria em Jesus porque Ele venceu a morte e vive para sempre! Se, em alguma estação de nossas vidas, o sol se for e nos sentirmos sozinhos no frio e no escuro, assim como aquele túmulo era, precisamos lembrar que Jesus é o sol que ilumina nossas vidas e que brilhará para sempre em nossos corações.

NÃO SE ESQUEÇA

A ressurreição de Jesus nos lembra que, mesmo quando as coisas ficam difíceis, sempre há esperança. O túmulo vazio mostra que Jesus venceu a morte e está vivo, cuidando de nós. Quando nos sentirmos tristes ou enfrentarmos desafios, devemos lembrar que Jesus é como um Sol brilhante no verão que nunca se apaga. Ele está sempre ao nosso lado, trazendo luz e coragem para superarmos qualquer situação.

DEVOCIONAL 39

OPA!

ORAR

"Querido Deus, obrigado por Jesus ter ressuscitado, é uma grande alegria saber que Ele está vivo. Ajude-nos a lembrar dessa notícia todos os dias e a confiar que o Senhor cumpre todas as Suas promessas. Em nome de Jesus, Amém!"

PERGUNTAR

1. Quem foram as primeiras pessoas a verem o túmulo de Jesus vazio?
2. Como você pode mostrar aos outros a alegria que você sente por Jesus estar vivo?

AGIR

Para não nos esquecermos da maior e melhor notícia que poderíamos receber na vida, façam um calendário para marcar os dias da semana e, em cada dia, vocês vão colocar um Post-It com um lembrete sobre a ressurreição de Jesus, como "Jesus ressuscitou!", "O túmulo está vazio!" ou "A alegria da ressurreição!". No final da semana, vocês terão um mural cheio de mensagens de esperança e alegria, e isso ajudará a lembrar da ressurreição de Jesus todos os dias!

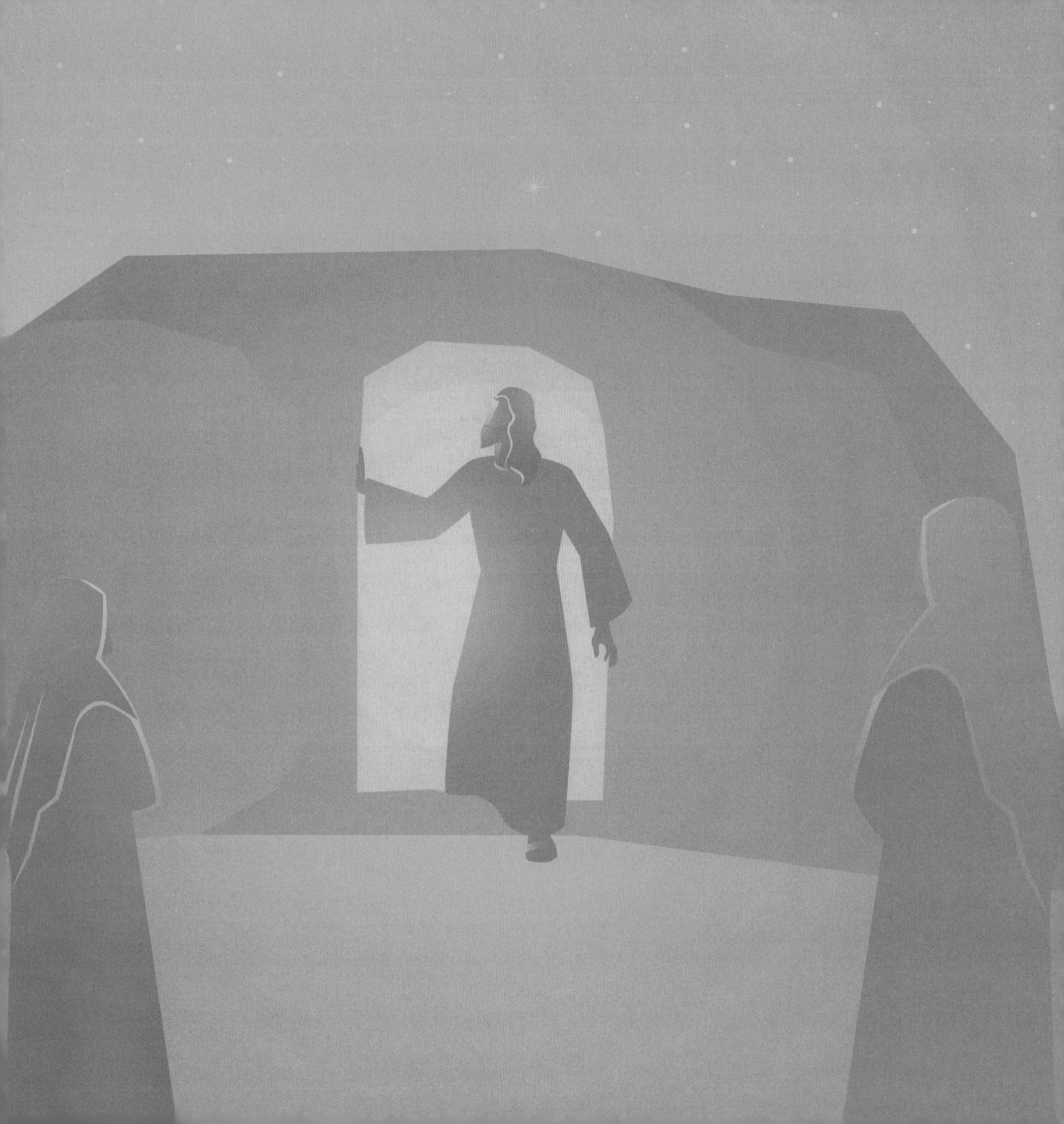

LIÇÃO

"Jesus vive, o túmulo está vazio, e essa é a maior notícia da história."

ESPERANÇA QUE BRILHA!

ATOS 1:6-11

"Na última vez que eles se reuniram, perguntaram a Jesus: 'Mestre, agora é a hora de fazer o Reino de Israel voltar ao normal? É agora que vai acontecer?'. Jesus respondeu: 'Não se preocupem em tentar descobrir quando isso vai acontecer. Só o Pai sabe o tempo certo. Mas vocês receberão o Espírito Santo, e, quando isso acontecer, vão contar a todos sobre mim em Jerusalém, na Judeia, em Samaria e até nos lugares mais distantes do mundo.' Essas foram as últimas palavras de Jesus. Enquanto eles observavam, Jesus subiu ao céu e desapareceu numa nuvem. Eles ficaram ali, olhando para o céu vazio. De repente, dois homens vestidos de branco apareceram e disseram: 'Pessoal, por que vocês estão parados, olhando para o céu? Esse mesmo Jesus que vocês viram subir vai voltar.'"

PARA COMEÇAR

Você já se sentiu muito feliz por algo e, ao mesmo tempo, com saudade? Por exemplo, quando nosso melhor amigo dorme em nossa casa por uma noite nas férias, nos divertimos muito e brincamos bastante, mas no dia seguinte ele precisa ir embora para a casa dele, ficamos tristes. Porém, saber que vamos encontrá-lo na escola em breve nos deixa muito felizes. Os amigos de Jesus também ficaram tristes em um momento, mas logo depois ficaram muito felizes! Vamos descobrir porquê?

DEVOCIONAL 40

POR DENTRO DA HISTÓRIA

Depois que Jesus ressuscitou, Ele passou 40 dias com seus amigos, ensinando muitas coisas e conversando com eles. Queria ter certeza de que soubessem que Ele estava vivo e os preparou para contar a todos sobre o amor de Deus.

Finalmente, chegou o dia em que Jesus precisava voltar para o céu. Enquanto conversavam, Jesus começou a subir em uma nuvem. Os amigos de Jesus ficaram olhando para o alto, felizes, mas ao mesmo tempo um pouco tristes por ver seu grande amigo indo embora.

A tristeza logo passou, pois quando Jesus foi para o céu, Ele deixou um presente incrível para eles: o Espírito Santo. O Espírito Santo os ajudaria a lembrar das promessas de Jesus e a viver da maneira que Deus gostaria. Ele estaria com eles todos os dias, habitando neles, guiando-os e confortando-os.

Além disso, Jesus também prometeu que um dia voltaria para buscá-los e levá-los a um lugar maravilhoso no céu, onde não haverá tristeza nem dor, apenas paz e alegria. A Bíblia diz que o céu é um lugar incrível, com ruas de ouro e um mar de cristal. É um lugar onde eles poderiam acreditar que viveriam com Deus para sempre, como um verão eterno, cheio de alegria e felicidade!

DAQUI PRA FRENTE

Assim como nas estações do ano, onde vemos mudanças, podemos aprender que, mesmo quando não vemos o sol, ele está sempre presente. Na primavera, as flores novas e as esperanças renovadas nos lembram que Deus sempre traz algo bonito e especial para nossas vidas. No outono, quando as folhas caem e tudo parece mudar, temos a oportunidade de lembrar que, mesmo nas dificuldades, Deus está conosco, preparando-nos para algo novo.

Durante o inverno, embora o tempo seja frio e escuro, é também um período de descanso e preparação. Mesmo sem ver o sol, ele continua cuidando da Terra, mostrando que, apesar das dificuldades, Deus está sempre ao nosso lado. Finalmente, no verão, o sol brilha forte, e tudo se torna quente e alegre. Essa estação nos lembra que, mesmo quando não conseguimos ver Jesus, Ele é o Sol da Justiça, sempre presente e cuidando de nós.

Jesus subiu ao céu para preparar um lugar especial para nós e prometeu que voltará. Enquanto esperamos, podemos sentir um pedacinho do céu em nossos corações através do Espírito Santo. É como se um pouco do sol do céu já estivesse brilhando dentro de nós, trazendo alegria e paz.

NÃO SE ESQUEÇA

Então, quando o dia parecer escuro e triste, lembrem-se de que Jesus, o Sol da justiça, está sempre lá, trazendo luz e calor para nossa vida. Ele nos ama muito e nunca nos deixa sozinhos. Assim como o Sol sempre está no céu, Jesus sempre está conosco, mesmo quando as nuvens da vida tentam esconder Sua luz.

DEVOCIONAL 40

OPA!

ORAR

"Querido Deus, obrigado por Jesus ter voltado para o céu para preparar um lugar maravilhoso para nós e por ter deixado o Espírito Santo para nos consolar. Ajude-nos a manter a esperança acesa em nossos corações, esperando pelo dia em que Jesus irá voltar para nos buscar, e ajude-nos a continuar a missão de contar sobre o Seu amor para todos enquanto Jesus não vem. Assim oramos, em nome de Jesus, Amém!"

PERGUNTAR

1. Quantos dias Jesus passou com seus amigos depois de ressuscitar?
2. Qual é a missão que Jesus nos deu enquanto esperamos a Sua volta e como podemos cumpri-la?

AGIR

Para lembrar das promessas que Jesus fez, assim como a de que Ele voltará, crie um "Potinho das Promessas" com sua família. Decorem o potinho com elementos bem bonitos e criativos que lembrem a estação do verão. Dentro, escrevam promessas de Jesus segundo a Bíblia, como: Vida Eterna (João 3:16); Descanso e Alívio (Mateus 11:28); Resposta às Orações (João 14:13-14); Presença Contínua (Mateus 28:20); Paz (João 14:27), e, principalmente, Sua volta (João 14:2-3). Constantemente, leiam essas promessas em família para que nunca se esqueçam das promessas de Jesus.

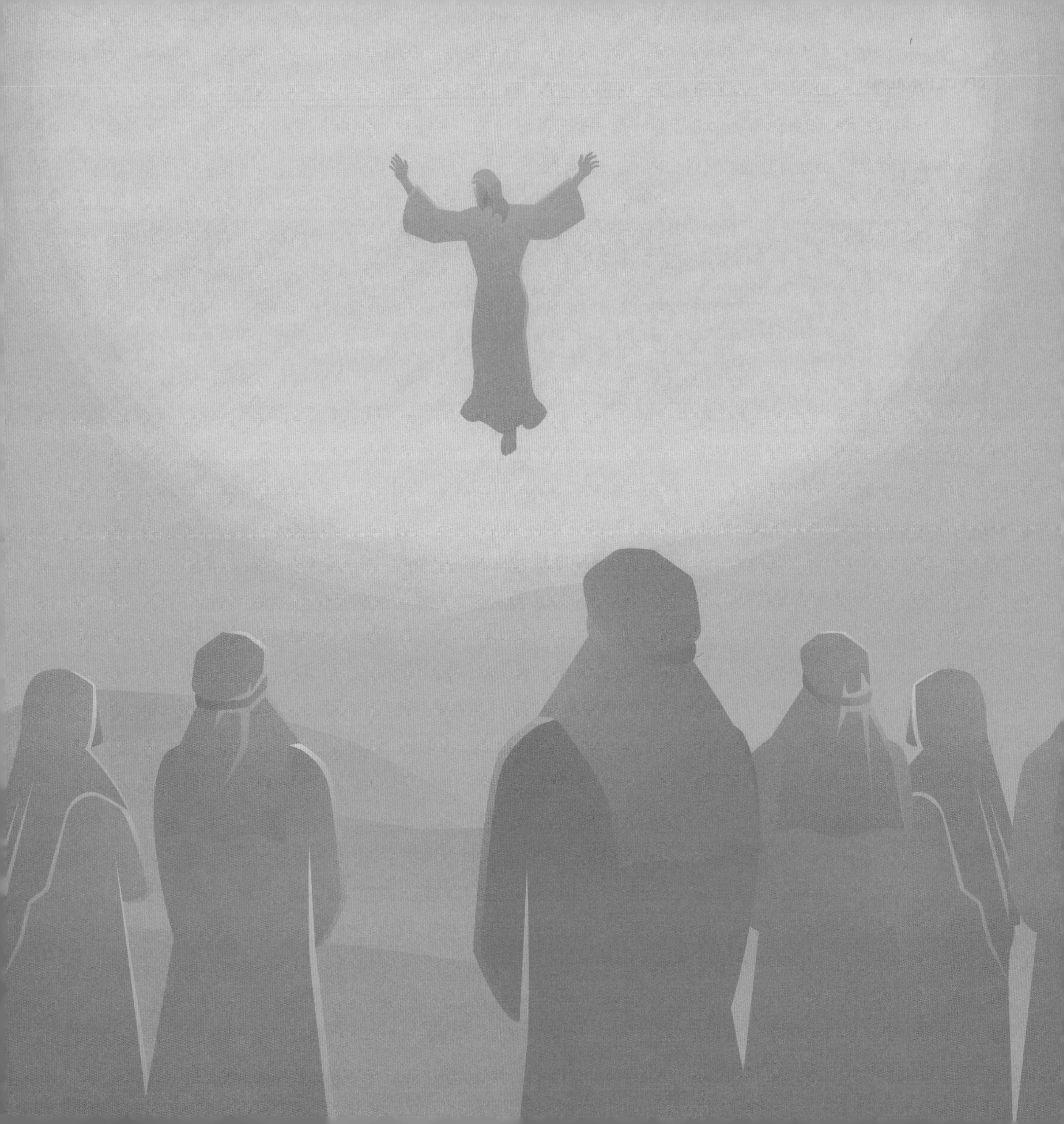

LIÇÃO

"Não há alegria maior do que saber que, um dia, viveremos todos com Jesus no céu!"